Sounds, Feelings, Thoughts:

SEVENTY POEMS BY

WISŁAWA SZYMBORSKA

THE LOCKERT LIBRARY OF POETRY IN TRANSLATION

EDITORIAL ADVISER: RICHARD HOWARD

For other titles in the Lockert Library see page 215.

Sounds, Feelings, Thoughts:

SEVENTY POEMS BY

WISŁAWA SZYMBORSKA

Translated and Introduced by
Magnus J. Krynski *and*
Robert A. Maguire

PRINCETON UNIVERSITY PRESS

Library of Congress Cataloging-in-Publication Data
Szymborska, Wisława.
Sounds, feelings, thoughts.
(Lockert library of poetry in translation)
Selected poems, translated from the Polish.
Bibliography: p.
I. Krynski, Magnus J., 1922- . II. Maguire, Robert A., 1930- .
III. Title. IV. Series.
PG7178.Z9A24   891.8'517   80-8579
ISBN 0-691-06469-5
ISBN 0-691-01380-2 (Pbk.)

The Lockert Library of Poetry in Translation is supported by
a bequest from Charles Lacy Lockert (1888-1974)

This book has been composed in Linotron Trump. The collages
are by the poet

Princeton University Press books are printed on acid-free paper and
meet the guidelines for permanence and durability of the Committee
on Production Guidelines for Book Longevity of the Council on Library
Resources

Printed in the United States of America by Princeton Academic Press

10 9 8 7 6 5 4

*These translations are dedicated to
the poets of Poland and to
Wisława Szymborska in particular*

SPIS TREŚCI

TRANSLATORS' INTRODUCTION   3
z tomiku *Wołanie do Yeti* (1957)   19
  Dwie małpy Bruegla   20
  Jeszcze   22
  Martwa natura z balonikiem   24
  Z nie odbytej wyprawy w Himalaje   26
  Próba   30
  Czwarta nad ranem   30
  Atlantyda   32
z tomiku *Sól* (1962)   35
  Muzeum   36
  Chwila w Troi   38
  Elegia podróżna   42
  Niespodziane spotkanie   44
  Złote gody   46
  Przypowieść   48
  Kobiety Rubensa   50
  Woda   52
  Streszczenie   54
z tomiku *Sto pociech* (1967)   57
  Radość pisania   58
  Pamięć nareszcie   60
  Album   62
  Śmiech   64
  Żywy   68
  Urodzony   72
  Spis ludności   76
  Monolog dla Kasandry   78
  Ścięcie   82
  Pietà   84
  Wietnam   86
  Pisane w hotelu   88
  Film—lata sześćdziesiąte   92
  Relacja ze szpitala   94

Table of Contents

TRANSLATORS' INTRODUCTION   3
FROM *Calling Out to Yeti* (1957)   19
  Two Monkeys by Brueghel   21
  Still   23
  Still Life with Toy Balloon   25
  From a Himalayan Expedition Not Made   27
  Attempt   31
  Four in the Morning   31
  Atlantis   33
FROM *Salt* (1962)   35
  The Museum   37
  A Moment in Troy   39
  Travel Elegy   43
  Unexpected Meeting   45
  Golden Anniversary   47
  Parable   49
  The Women of Rubens   51
  Water   53
  A Tale Retold   55
FROM *A Million Laughs, A Bright Hope* (1967)   57
  The Joy of Writing   59
  Memory at Last   61
  Family Album   63
  Laughter   65
  Still Alive   69
  Born of Woman   73
  Census   77
  Monologue for Cassandra   79
  Beheading   83
  Pietà   85
  Vietnam   87
  Written in a Hotel   89
  A Film of the Sixties   93
  Report from the Hospital   95

Przylot 96
Tomasz Mann 98
Tarsjusz 100
Akrobata 104
Sto pociech 106
z TOMIKU *Wszelki wypadek* (1972) 111
Wszelki wypadek 112
Wrażenia z teatru 114
Głosy 116
Listy umarłych 120
Prospekt 122
Spacer wskrzeszonego 124
Powroty 126
Odkrycie 128
Szkielet jaszczura 130
Przemówienie w biurze znalezionych rzeczy 132
Zdumienie 134
Autotomia 136
Pewność 138
Klasyk 140
Pochwała snów 142
Miłość szczęśliwa 144
Pod jedną gwiazdką 146
z TOMIKU *Wielka liczba* (1976) 149
Wielka liczba 150
Podziękowanie 152
Psalm 156
Żona Lota 158
Widziane z góry 162
Eksperyment 164
Terorysta, on patrzy 166
Miniatura średniowieczna 168
Pochwała siostry 172
Pustelnia 174
Portret kobiecy 176
Recenzja z nie napisanego wiersza 178
Ostrzeżenie 182
Pokój samobójcy 186

The Birds Return   97
Thomas Mann   99
Tarsier   101
The Acrobat   105
A Million Laughs, A Bright Hope   107
FROM *There But for the Grace* (1972)   111
There But for the Grace   113
Theater Impressions   115
Voices   117
Letters of the Dead   121
Advertisement   123
The Professor Walks Again   125
Returns   127
Discovery   129
The Skeleton of a Dinosaur   131
A Speech in the Lost-and-Found Office   133
Wonderment   135
Autotomy   137
Certainty   139
A Classic   141
In Praise of Dreams   143
A Happy Love   145
Under a Certain Little Star   147
FROM *A Great Number* (1976)   149
A Great Number   151
Gratitude   153
Psalm   157
Lot's Wife   159
Seen from Above   163
Experiment   165
The Terrorist, He Watches   167
A Medieval Illumination   169
In Praise of My Sister   173
Hermitage   175
Portrait of a Woman   177
Review of an Unwritten Poem   179
Warning   183
The Suicide's Room   187

Pochwała złego o sobie mniemania   188
Życie na poczekaniu   190
Utopia   194
Z TYGODNIKA *Życie literackie* (1979)   197
Trema   198
Comments   202
Bibliographical Note   213

In Praise of Self-Deprecation   189
Life While You Wait   191
Utopia   195
FROM *Literary Life* (1979)   197
  Stage Fright   199
Comments   202
Bibliographical Note   213

Sounds, Feelings, Thoughts:
SEVENTY POEMS BY
WISŁAWA SZYMBORSKA

Translators' Introduction*

Wisława Szymborska is that rarest of phenomena: a serious poet who commands a large audience in her native land. Her most recent book, *A Great Number* (*Wielka liczba*, 1976) appeared in a printing of 10,000 copies and was sold out within a week. Important and exacting critics who otherwise delight in disagreement are consistently enthusiastic about her work.[1] She is regarded as one of the three best representatives, since World War II, of the rich and ancient art of poetry in Poland. The other two are Tadeusz Różewicz (born in 1921) and Zbigniew Herbert (born in 1924), who belong to the same generation. But many readers, the present translators among them, have come to assign primacy to Szymborska. Różewicz has published almost no poetry since 1968; Herbert has put out two volumes in the last twelve years; Szymborska has given us three. More to the point, however, is that Różewicz and Herbert, for all their excellence, have by and large continued to cultivate their familiar territory, whereas Szymborska constantly opens fresh themes and elaborates new techniques. Her verse shows the high seriousness, delightful inventiveness, and prodigality of imagination that we expect of first-rate poetry; and it bears the stamp of unmistakable originality. More than any of her contem-

* The following is an attempt to approximate the pronunciation of the names of the Polish writers mentioned in the Introduction, in the order in which they occur.

Wisława Szymborska:	Vee-swáh-vah Shim-bór-skah
Tadeusz Różewicz:	Tah-déh-oosh Roo-zhéh-veech
Zbigniew Herbert:	Zbéeg-nief Hér-bert
Cyprian Norwid:	Tsíp-riahn Nór-veed
Jan Kochanowski:	Yahn Ko-hah-nóskee
Adam Mickiewicz:	Ah-dahm Meets-kiáy-veech
Juljusz Słowacki:	Yóol-yoosh Swoh-váhts-kee
Julian Tuwim:	Yóol-yahn Tóo-veem
Maria Pawlikowska-Jasnorzewska:	Már-ya Pahvlee-kóskah Yahsno-zhéh-skah
Tymoteusz Karpowicz:	Timo-téh-oosh Kar-pó-veech
Stanisław Barańczak:	Stah-née-swahf Bah-ráhn-chahk
Miron Białoszewski:	Mée-ron Biah-woh-shéh-skee

[1] Notably: Artur Sandauer, Ryszard Matuszewski, and Jerzy Kwiatkowski. See Bibliographical Note.

3

poraries, she approximates the ideal of poetry set forth by Pushkin in *Eugene Onegin*: "I seek the harmony/of magic sounds, feelings, and thoughts."

Szymborska was born in 1923 in Kórnik (the Poznań region), but moved to Cracow at the age of eight, and has lived there ever since. She studied sociology and Polish literature at the famed Jagellonian University. Her first published poem, entitled "I Seek the Word" ("Szukam słowa"),[2] appeared in March, 1945, in *Walka (Struggle)*, a supplement to the Cracow newspaper *Dziennik Polski (Polish Daily)*. By 1948, her first collection was ready for publication. Meanwhile, however, the Communists had consolidated their power, and were beginning to insist on the propagation of ideology in literature. Here Szymborska was found wanting: supposedly she wrote in a manner unintelligible to the masses, and dwelled morbidly on the experiences of World War II at the expense of the new theme of building socialism. A vicious campaign was mounted; even schoolchildren were involved; the projected volume was cancelled. Szymborska then took steps to revise her entire manner of writing—sincerely, from all one can gather—and in 1952 her first collection of poems appeared under the title *That's What We Live For (Dlatego żyjemy)*.[3]

The collection's twenty-six poems were devoted to the kind of political themes that circulated as common currency in those Stalinist days: anti-westernism, the "struggle for peace," socialist construction, and so on. Even here, however, critics detected an individual voice: "agitation-propaganda in a chamber-music manner," as one of them put it. Two or three of the poems seemed to have no connection with politics at all but addressed themselves instead to the importance of love, and to man's inhumanity to animals. (Later, Szymborska in effect repudiated this entire volume by not including a single poem from it in her collected works of 1970.) Her second book came out in 1954, as *Questions Put to Myself (Pytania zadawane sobie)*. Now, fewer poems were given over to politics; considerably more dealt with love and other traditional

---

[2] In this essay, Polish titles are provided for those poems that are not included in our selection, and only English titles for those that are included.

[3] For further details of Szymborska's earlier years, see Adam Włodek, "Debiut z przygodami," *Miesięcznik literacki*, No. 10/26, October, 1968, pp. 44-50.

4

lyric subjects. (Two of them—"The Key" ["Klucz"] and "In Love" ["Zakochani"]—survived to find a place in the collected verse.) Indeed, the very title of this volume suggests an inward turn that was rather unusual at a time when writers were expected to be preoccupied with contemporary society. Again the reviewers singled this book out of a whole spate, remarking on the strongly articulated persona, the technical skill, the wit and humor even in political contexts. That same year Szymborska won the first of many prizes that were to come her way.

With the publication in 1957 of *Calling Out to Yeti (Wołanie do Yeti)*, Szymborska put aside all officially inspired themes and began to find her own voice as she wrote of man and society, man and history, man and love. *Salt (Sól, 1962)* broadened and deepened these new directions. The appearance in 1967 of *A Million Laughs, A Bright Hope (Sto pociech)* began what we might call her mature period, which is marked, technically, by an emphasis on free verse and, thematically, by a consideration of man's situation in the universe at large. Her two most recent collections are *There But for the Grace (Wszelki wypadek, 1972)*, and *A Great Number (Wielka liczba, 1976)*.

Early in her career, Szymborska wrote a few short stories, but never published them. She has no dramatic work to her credit, and has apparently never even considered trying her hand at a novel. She is an accomplished translator from the French, but only in verse.[4] In fact, the only non-poetic form she has cultivated is the short book review. Between 1967 and 1972, she commented on some 130 books, by Polish and non-Polish writers, almost none of them belles-lettres except for a few classics of antiquity.[5] The range is enormous: popular science (especially about animals); dictionaries and encyclopedias; histories; psychology; painting; philosophy; music; humor; memoirs; "how-to" books—to name just a few. Any close student of her poetry is likely to appreciate that many of the books under review have suggested themes and images

[4] She has contributed to the first two of the three-volume *Antologia poezji francuskiej*, ed. Jerzy Lisowski, Warsaw, Czytelnik, 1967, 1970.

[5] Collected in *Lektury nadobowiązkowe (Recommended Reading)*, Cracow, Wydawnictwo Literackie, 1973. For several years Szymborska's reviews regularly appeared under this title in the Cracow weekly *Życie Literackie (Literary Life)*.

for the poems: but the wit, sparkle, and pithiness of these pieces make them well worth reading for themselves.

These are the essential facts of Szymborska's biography: she has chosen to reveal little more to the public. And she has insisted that her biography does not much matter. "Even a graphomaniac," she has said, "is an extremely complicated person (. . .). Meanwhile, the fact that with one writer, the words fall together into units that are alive and enduring, and with another, they do not, is decided in a realm that's not easily comprehensible to anyone. I suspect that this is a realm upon which the vicissitudes of life and the intensity of experience no longer have any influence."[6] The artist is the work, the work the artist: this is the theme of the poem "A Classic," and a recurrent theme of Szymborska's critical writings and of the one extensive interview she has granted.[7] She has also consistently refused to interpret her poems, or to articulate any theories of poetry. When asked by one interviewer to describe her development, she responded by quoting a few lines from the nineteenth-century Polish poet Cyprian Norwid: early in life, the artist may say "the earth is round, spherical," but, as old age sets in, he should strive for greater precision, and say that the earth is flattened at the poles. Szymborska saw this as an eternal law, which she too had obeyed: with the passage of time, her own work had become, if not better, more precise. "I know this is not much," she concluded with characteristic modesty, "therefore I prefer not to speak of my poems, and if I have to, then at no great length."[8] Elsewhere she quoted Montaigne's words—"See how many ends this stick has!"—as "an unsurpassable model of the writer's craft and a constant encouragement to transcend the obvious with thought."[9]

Szymborska is well aware that none of this adds up to a neat definition of poetry in general, and certainly not of her own poetry. But, as she playfully observes: "Let this merry confusion, this troublesome complexity banish sleep from the eyelids of the adherents

[6] Review of *Spotkania z Czechowiczem* (Lublin, 1971), in *Lektury nadobowiązkowe*, Cracow, Wydawnictwo Literackie, 1973, p. 225.

[7] For the interview, see Krystyna Nastulanka, "Powrót do źródeł," in *Sami o sobie*, Warsaw, Czytelnik, 1975, pp. 298-308.

[8] "Jak to pisał Norwid?" *Debiuty poetyckie 1944-1960*, ed. Jacek Kajtoch and Jerzy Skórnicki, Warsaw, Iskry, 1972, p. 237.

[9] "Od autorki," *Wisława Szymborska. Poezje wybrane*, Warsaw, LSE, 1967, p. 5.

of traditional divisions."[10] She has stoutly refused to be pressed into any of those "divisions." In one of her poems she says: "Here lies, old-fashioned as a comma,/the authoress of a few poems. Eternal rest/the earth has granted her, although the corpse/did not belong to any of the literary groups" ("Epitaph" ["Nagrobek," 1962]). And she has insisted on her versatility: just as man in general has been designed by nature as a non-specialized being, so she too is a non-specialized poet "who does not wish to declare allegiance to any single theme or any single mode of expression for matters that are of importance to her."[11]

In effect, Szymborska is asserting the right of any poet to be judged on the merit of his work. What follows is the first attempt, outside Poland, to survey the poetry mainly of her mature period, and to offer some conclusions about the nature of her art.

Man in contemporary society, man in politics, man in history—these are aspects of a theme that has been tirelessly worked over by Szymborska's contemporaries in the West and in Poland (notably Różewicz and Herbert). At times Szymborska herself may seem to be saying little that is new. She too writes of man's capacity for savagery ("The Hunger Camp Near Jasło" ["Obóz głodowy pod Jasłem"]); of his urge to self-destruction ("Discovery"); of his inability to maintain close ties with his fellow-men ("Unexpected Meeting"); of his attempts to banish the fashionably contemporary feelings of alienation and despair with the fashionably contemporary expedients of drugs ("Advertisement") and terrorism ("The Terrorist, He Watches"). But when set in the larger contexts of Szymborska's work, these are seen to be only minor variations on a theme that is more grand, complex, and original.

Szymborska's poems show us a world of diversity, plenitude, and richness, a world that invites wonderment, admiration, even astonishment. She delights in naming flora and fauna, great and humble, as they now exist, once existed, or might have existed. Nature is wise, prodigal, unpredictable: sheer accident has its say, and should also inspire a positive response on the part of the human observer ("The Birds Return," "Thomas Mann"). Man is of course part of this spectacle; Szymborska is fascinated with his origins,

[10] "Od autorki. . . ."
[11] "Od autorki. . . ."

his evolution, and his prospects for the future ("A Million Laughs, A Bright Hope," "A Speech in the Lost-and-Found Office," "Wonderment"). But man rarely shares her enthusiasms; most often he is shown as a great spoiler. Especially revealing is his relationship with what he regards as the "lower" animals. This is a theme that goes back at least to "Circus Animals" ("Zwierzęta cyrkowe"), in *Questions Put to Myself*, and is developed in such splendid poems as "Two Monkeys by Brueghel," "Tarsier," and "Seen from Above." Man simply takes for granted that animals have been created for him to exploit, mistreat, or ignore; Szymborska begs to differ. Her view could be summed up in Goethe's famous pronouncement, "Zweck sein selbst ist jegliches Tier," "every animal is an end in itself." Even the death of a beetle, for instance, is entitled to the same respect that would be accorded any human tragedy ("Seen from Above").

Again and again Szymborska insists that nature is a unity, that there are no ultimate distinctions among the various species. Each component, while self-articulated, is also part of a whole, and enjoys communion with all the rest. The same holds true for man. But, as Szymborska presents him, man works in ways that make communion impossible. The systems, institutions, even utopias that he creates—all have an appearance of completeness, inclusiveness, but in fact delimit, exclude, impoverish ("Psalm," "Warning," "Utopia"). He may even presume to tamper with the laws of nature, as in "The Professor Walks Again" and "Experiment." Szymborska, however, does not often betray the kind of animus toward science that can be seen in some of the younger poets of Poland and in many of the poets of America. And "Discovery" is virtually the only instance of a theme that has enjoyed enormous popularity in the West and among certain Soviet dissidents, notably Solzhenitsyn: the moral responsibility incumbent upon the scientist who opens up new areas. We find in Szymborska no simplistic antagonism between "nature" and "science" or "nature" and "man." She notes man's proclivities with disapproval, sadness, skepticism, irony, sarcasm—but almost never with despair. Rather, her attitude is one of qualified optimism. And it is this optimism that sets her apart from Różewicz and Herbert, indeed from nearly all her contemporaries in Poland and in the West. Paradoxically, it is an optimism grounded in her acceptance of the limitations imposed by nature on each of its beings. At times, she may yearn to transcend herself—to become a "rose," as she says in "Attempt"—but she knows she cannot: "Only a rose blooms as a rose, no one else." This attitude finds its most eloquent expression, stylistically and thematically, in "The Acrobat," where the trapeze-artist's life consists of repeated and almost successful attempts to go beyond his own body; yet after all, it is the body, with all its ordained limitations, that must make these attempts. The result is failure, but it is a failure that compels admiration.

Certain Polish critics have detected an influence of existentialist philosophy on Szymborska's view of the world. In a recent interview, she showed no enthusiasm for such a judgment, contending that "existentialists are monumentally and monotonously serious; they don't like to joke."[12] Without taking a stand at this point, we can at least say that her poetry unquestionably reflects wide reading in important philosophical literature, particularly Pascal, Kant, Heidegger, Husserl, and Sartre. It is clear too that she is familiar with the ideas of Darwin and responds to them in at least two different ways: sharing his enthusiasm for the beauty and wonder of creation as revealed in even the humblest of creatures, feeling distress over man's tendency to use evolution as an endorsement of his own superiority. What no critic has yet noted, however, are the extraordinary parallels in Szymborska's work with those philosophers and poets of the seventeenth and eighteenth century who contemplated man's place in the so-called Great Chain of Being.[13] One thinks particularly of Locke, Leibnitz, Bolingbroke, Pope, and Young. Like them, Szymborska wishes to determine man's relationship to the universe as a whole; like them, she seems to strike a balance between skepticism and admiration. Perhaps the readiest illustration of the parallel in theme and outlook can be seen in the poem "A Million Laughs, A Bright Hope": here we cannot help but recall Pope's definition of man as "the glory, jest and riddle of the world," or Young's vision of him as standing "midway from nothing to the deity." Szymborska does not know why man has come to

12 Nastulanka, "Powrót. . . ," p. 305.

13 The classic account is, of course, Arthur O. Lovejoy's *The Great Chain of Being*, Cambridge, Harvard University Press, 1936.

be; but, now that he is here, he can look forward to new stages of development; and she is filled with wonder at the thought of what he may amount to. In effect, she has leaped back over the Romantic period, which still has such a hold on her fellow-poets, to a much earlier tradition, blending it with modern thought in ways that make her themes unique in the poetry of today.

The awareness of the human condition involves, for Szymborska, a keen awareness of loss. This theme was first stated as early as 1954, in the title poem of the volume *Questions Put to Myself*, and has great prominence in her work. Loss, as she sees it, comes in various ways: as loss of friendship, of love, of childhood; as the extinction of various species and of complex and beautiful civilizations; as the failure to note and record the diversity of life ("Unexpected Meeting," "Skeleton of a Dinosaur," "A Great Number," "Census"). It is the task of poetry to retrieve such losses. Put another way, the poet memorializes that which, without him, would remain forever unmemorialized. This seems to be an entirely new theme in Polish literature. Possibly it was suggested by five lines written by the great sixteenth-century poet Jan Kochanowski: "Agamemnon was not the first to command a thousand troops,/ Troy was destroyed more than once, before Hector there had been/ myriad brave men, for whom death for the fatherland was sweet,/ Yet all are sunk in silence eternal,/for they have been overlooked by the rhymes of a worthy bard" ("The Muse" ["Muza"]). What does Szymborska hope to memorialize? Some very ordinary, unexceptional people, such as a faithful servant ("Hania"), or her own parents ("Memory at Last"), or the millions of Jews who were murdered during the war ("Still"). And many famous figures from the past as well: here memorialization consists of removing the incrustations of cliché, and reminding us that they too were (and, once memorialized, continue to be) human beings like ourselves, essentially no different from the humble folk who have always constituted the great majority of mankind.

A somewhat different version of the theme of loss can be seen in Szymborska's fascination with peoples, cities, lands, and creatures that might have existed, such as Atlantis (in the poem of the same name), or the Abominable Snowman ("From a Himalayan Expedition Not Made"). Memory and dreams may be regarded as variations on the same theme. Szymborska never treats them as escapes, but rather as recoveries of things that have been lost, and, in that sense, as transcendences of the limits of time, place, and body ("Travel Elegy," "Memory at Last," "In Praise of Dreams"). They thereby take their place in the still larger theme of indivisibility and unity that runs through Szymborska's mature poetry under so many different aspects.

The theme of politics is never far from the mind of any writer living in Communist Eastern Europe. As we have said, Szymborska's first two volumes contained many poems on currently fashionable political topics. Gradually such poems all but disappeared from her work. During a talk with us, she expressed doubt that political problems, whatever their complexion, can be adequately dealt with in poetry. Certain issues peculiar to Poland—by which she probably means the lack of true national sovereignty and of a Western-style liberal democracy—ought to have been resolved in the nineteenth century. Poets who undertake to write about such matters nowadays, she thinks, merely turn out bad imitations of Mickiewicz and Słowacki. She regards her own political poems as artistic failures—not only those produced in Stalinist Poland, but even later ones in a more "liberal" vein, such as "The Funeral" ("Pogrzeb," 1957).

Now, this does not mean that Szymborska herself is indifferent to politics: recently she signed a protest against amendments to the Constitution of 1952, which were designed to bind Poland more tightly to the Soviet Union; and she is one of the sponsors of the so-called "Flying Universities" which have recently been set up to offer courses aimed at rectifying distortions perpetrated by Party scholars. She does feel, however, that none of this has a place in her mature work. Actually, it is perhaps more accurate to say that in many poems she has transmuted politics into larger human concerns. "The Funeral"—despite her low opinion of it—is an early instance. It concerns the posthumous "rehabilitation" of the Hungarian Communist leader Laszlo Rajk, who was accused of treason in the anti-Tito campaign of 1949 and executed by his fellow-Communists. Szymborska uses this material as a way of expressing dismay at man's penchant for tampering with the reputation of his fellow-beings, even to pretending—as was the rule in Communist purges—that the victims had never existed. This same technique was applied and refined in several of the later poems. For example, "Vietnam" obviously recalls the recent conflict in that land; yet it is not an anti-American tirade—in fact, the nationality and political allegiance of the questioner are never specified—but, rather, a commentary on the tenacity of the simple, universal maternal instinct despite all odds. An attitude of sympathy for misfortune and suffering, untainted by ideological or nationalistic prejudices, can also be seen in the few poems of Szymborska's that deal with World War II (e.g., "The Hunger Camp Near Jasło").

Szymborska does write of love, but accords it less prominence than we might be predisposed to think. Altogether there are only twenty-three poems—barely one-ninth of her total output—in which love figures as a theme, and not always as the dominant one at that (e.g., "Born of Woman").[14] The first two volumes contained seven love poems, the last three, only four. *Salt* offers the greatest number (eight out of thirty-four), and the greatest variety of treatment. "A Moment in Troy" and "Laughter" both tell of the sympathy of an older woman for love-struck girlhood. "Unexpected Meeting" is about the extinction of love, while "Golden Anniversary" depicts the merging of personalities and the consequent loss of identity in a marriage of long duration. "I Am Too Near" ("Jestem za blisko") takes up the question of the basic incompatibility of lovers, with the male deemed less capable of genuine emotional involvement than the female. "Ballad" ("Ballada") and "Over Wine" ("Przy winie") suggest that a woman is truly alive only as long as she is loved by a man, and that the denial of such love is equivalent to murder. Finally, the poems included here from the last two volumes, "A Happy Love" and "Gratitude," are subtle paeans to love, written from the viewpoint of a persona who throughout seems to reject love as old-fashioned, unnecessary, and cumbersome, but who in the final lines suddenly questions these attitudes. All these love poems combine deeply felt emotion and delicate lyricism with detachment, irony, and humor. There is virtually nothing in them of emotionalism, sentimentalism, or sen-

[14] The few existing translations of Szymborska into English tend to favor the theme of love; as a result, readers may have been led to exaggerate its place in her work.

suality.[15] Nor are they always confined to relationships between lovers: the larger human problem of non-communication is also involved. In all these respects, Szymborska's love poems are highly original in the context of Polish literature.

Here a female persona is at work to a more obvious extent than in most of Szymborska's other poems. This leads us to the question of Szymborska as a "woman poet." Indeed, it knocks at our attention if only because of the extraordinarily large number of important women writers who are active in Poland today, and who have made remarkable contributions to Polish literature for a century or more. But does "gender" really matter in Szymborska's poems? Certainly we find in them none of the blatantly "feminist" issues that have agitated some American women poets of our time, such as middle-class suburban boredom, urges toward "liberation," protests against "oppression" by males, or outright lesbianism. Anne Sexton, Adrienne Rich, and Marge Piercy, among others, provide handy catalogues of many such themes. In all of Szymborska's work, there are perhaps only two poems which could be called mildly "feminist." "Portrait of a Woman" is a celebration of feminine strength, ingenuity, adaptability, and versatility. The persona of "Still Alive" has unmistakably predatory inclinations, but chooses not to gratify them, for the moment at least. By and large, however, "gender" simply does not matter: life itself is Szymborska's main concern. In this respect, the contemporary American woman poet who most resembles her is Maxine Kumin. In fact, Kumin's latest volume, *The Retrieval System* (Penguin, 1978), suggests other interesting, though quite coincidental, parallels with Szymborska: an avoidance of topical themes; a sense of oneness with all other species on earth, no matter how humble; the importance of dreams and memory for achieving a wholeness of vision; serenity, light irony, slight distance.

Poetry, then, has enormous responsibility, enormous power: the

---

[15] A serious misconception may have been created by Czesław Miłosz, the leading poet, critic, and translator. He writes as follows: "(. . .) Szymborska's poems are (. . .) very authentic. They speak of the passions and miseries of the flesh with melancholy bluntness" (*Postwar Polish Poetry, An Anthology*, Garden City, N.Y., 1965, p. 87). This naturally leads the reader to expect to find poems celebrating eroticism and carnality, but he would search in vain.

"power of preserving," as Szymborska puts it in "The Joy of Writing." What about the other arts? Music figures in a few poems, but almost always incidentally. For instance, "Allegro ma non troppo" (not translated here) associates music with the joy and plenitude of life; "A Classic" uses a composer—he could as well have been any other kind of artist—to develop the theme that it is the work of art itself, not its creator, that survives and matters. Painting occupies a far more important place (e.g., "Two Monkeys by Brueghel," "Women of Rubens," "A Medieval Illumination"). This might seem improbable, considering that Szymborska's interest in nature is more intellectual than visual, and that her poems are virtually devoid of landscapes. She does give some account of the mood and content of the paintings (whether actual or stylized); but she is more concerned with using them to evoke the mind and mores of the time in which they were created. Two voices are always heard here: the painter and the persona of the poet, who comments from a later vantage-point and thereby makes the painting part of our own experience. The theater is the subject of several of Szymborska's better poems, among them "Life on the Run" and "Theater Impressions," both included here. At first we might be inclined to think that she is simply refurbishing the Renaissance topos of *theatrum mundi*, "all the world's a stage." But that is not the case. She insists that the theater and life are not interchangeable, that the theater is an elaborate set of rituals and games which set it apart: "Act Six" of a tragedy is the "most important" one, not the preceding five as written by the dramatist and played by the cast ("Theater Impressions").

Szymborska's attitude toward the theater helps us better to understand the theme of poetry as she treats it in her work. Poetry's great power, she seems to say, opens it to the danger that, like the theater, it may become merely ritualistic, and may even presume to create worlds that are closed to ordinary mortals. On several occasions, in reviews and interviews, she has expressed doubts about "pure" poetry. Of Baudelaire, for instance, she wrote: "He made fun of a poet who celebrated the lightning rod in verse. The poem was probably inferior, but today the theme seems as good a springboard for the spirit as anything else."[16] The poet, she believed,

[16] Review of Charles Baudelaire, *Sztuka romantyczna—dzienniki prywatne* (War-

14

can and must take as much of life as possible for himself; except for politics, there are no inherently "unpoetic" themes. Her own poems show that she herself can use virtually anything as a "springboard": a newspaper article, a song, a painting, a film, a play, a visit to friends, a book enjoyed. In 1967, she went as far as to state that she could see no difference between "poetry" and "literary prose." Poetry may use fewer words, but otherwise, "neither is rhyme its precondition, nor rhythm its indispensable property, nor obvious subjectivity its absolute privilege."[17] Poetry, then, must needs be capacious. Yet it has its limitations too: the poet must choose and, in choosing, reject. In "A Great Number," for instance, Szymborska frets that by concentrating on individuals, she condemns the masses to oblivion.

Szymborska's choices have been hard-won. In more than thirty years as a professional writer, she has produced only six slim volumes, at intervals of roughly five years. As she sees it, poetry is a craft which demands slow, painstaking labor. If her poems cannot be mistaken for those of any other contemporary writer, that is as much the result of technical skill and innovativeness as it is of thematic originality. Critics have long admired the beauty of these poems, but have not yet studied their formidable technique in any depth. It is obvious that within the framework of an introduction written for foreign readers, we cannot do justice to a topic that would require a book-length study. Yet it may be useful to point up at least some salient features.

Szymborska's voice is pitched to the conversational idiom of the educated classes. These last two words must be underscored, by way of contrast with the language of the streets as often used by Różewicz, or the substandard plebeian argot favored by Miron Białoszewski (born 1922). Szymborska diversifies by introducing proverbs, literary or musical allusions, philosophical dicta, Latin adages, or lines from folksongs. Even greater variety is achieved by the frequent use of dialogue, by well-chosen metaphors and similes, or by what we might call a "jocular oration" addressed to an imaginary audience of humans or even animals and sundry objects

---

saw, 1971), in *Lektury nadobowiązkowe*, p. 225. See also her remarks on Paul Valéry, in a review of his *Estetyka słowa* (Cracow, 1973), *Lektury* . . . , pp. 246-47.

[17] "Od autorki . . . ," p. 6.

15

("Skeleton of a Dinosaur," "Under a Certain Little Star"). Sometimes she creates a startling effect by contrasting expressions drawn from rhetorical or poetic discourse with extreme colloquialisms, even in the same line. She has an uncommon flair for neologisms, which nevertheless respect the semantic and structural possibilities of standard Polish. She is skilled in the art of rhyme, although in recent years she has employed it less and less. Instead she now prefers free verse and strives to give the greatest possible weight to each line, many of which have become virtually aphoristic. She knows how to make maximum use of grammar and syntax for semantic purposes. Two simple examples will suffice here. (For others, we refer the reader to our comments on the poems.) "Pietà" presents all the verbs in the infinitive (participles in our translation); the effect is a brusqueness that fits the theme of the poem to perfection. In "The Terrorist, He Watches," the constant repetition of the pronoun "he" helps to create a picture of the primitive mentality of the persona. She is especially adept at marshalling the "little words" of the language, such as adverbs and conjunctions. Two poems, "There But for the Grace" and "Voices," owe much of their impact to the inventive accumulation of such parts of speech.

We should not forget, however, that Szymborska has a highly developed sense of playfulness. "Seriousness" and "humor," as far as she is concerned, are entitled to equal rights in a poem.[18] For all the technical skill, for all the density of the textures, she endeavors to create an impression of ease. The last two lines of "Under a Certain Little Star" perhaps state her goal, and her achievement, better than any critic can: "Take it not amiss, O speech, that I borrow weighty words,/and later try hard to make them seem light."

We have already said that Szymborska avoids programmatic statements and theoretical discussions of poetry, and acknowledges no allegiance to literary or generational groupings. Yet what poet can wholly escape the imprint of tradition? Some critics have noted her ties with the so-called Skamander group, which dominated prewar Polish poetry, and in particular with Julian Tuwim (1894-

[18] Review of *Przedstawiamy humor francuski* (Warsaw, 1971), in *Lektury nadobowiązkowe*, pp. 181-82.

1953) and Maria Pawlikowska-Jasnorzewska (1894-1945). Szymborska possesses all their skill at suggesting transient moods and fleeting impressions, and, like them, builds many of her poems on a well-marked story line. But she betrays none of their penchant for sentimentality, trite themes, or word-play for its own sake. The Skamander poets were also fond of ending with a brilliant *pointe*, and making it the poem's real glory. This device was condemned by the leading theoretician of the prewar avant-garde, Tadeusz Peiper (1891-1969), who asserted that all the lines of a poem were of equal value, and that effects should be equally distributed throughout, not held in reserve for the ending. Polish poets paid heed: the *pointe* all but disappeared for many years. Szymborska has revived it, but has put it to quite a different use: to create distance, irony, paradox, even the partial or total reversal of the poem's leading idea ("Gratitude," "A Happy Love," "A Million Laughs, A Bright Hope"). The one Skamander poet to whom she is often compared is, perhaps predictably, a woman, Maria Pawlikowska. To be sure, Pawlikowska's poems are often masterpieces of elegance and concision. Yet she is limited in theme and often precious in manner. All in all, the comparison is superficial, and does not really do justice to Szymborska.

The so-called "linguistic" poets flourish today, and are best represented by Tymoteusz Karpowicz (born 1921). Their poems tend to be dense in the formal rather than the intellectual sense, and ambiguous wherever possible: they must be approached as if they were codes to be deciphered. As with the Skamander group, Szymborska has successfully adapted and modified these techniques to suit her own purposes. No one has put the matter better than one of the linguistic poets himself, Stanisław Barańczak (born 1946), who is a great admirer of her art: "the conferring [by Szymborska] of multiple meanings on linguistic units does not become an obstacle to the poem's comprehensibility (. . .) paradoxically, complexity here promotes ease and comprehension. This is the height of literary mastery, of which only great poetry is capable."[19]

Over the course of three decades, Szymborska has published some 180 poems. She no longer reprints those that were written in the

[19] "Posążek z soli," *Etyka i poetyka. Szkice 1970-1978*, Paris, Instytut Literacki, 1979, pp. 135-36.

early 1950's, and has come to acknowledge only 145 as constituting her mature work. The seventy poems that make up this volume are thus nearly half the canon that she wishes to be preserved. And they are the largest and most representative offering of her work in any foreign language. They illustrate virtually all her major themes, and most of her important technical devices. While our selection draws from all of the last five volumes, heaviest emphasis falls on the last three, which cover the period 1967-1976; here too is one of her most recent poems, which has not yet been included in any collection, Polish or foreign.[20] In only six cases do we render poems that have been previously translated into English; sixty-four translations are thus entirely new. Within the possibilities of English lexicon, syntax, and idiom, we have striven to recreate the richly varied levels of diction, the multiplicity of semantic possibilities, the niceties of word play, the tonalities and moods, the meters and rhythms, of the Polish. By and large, however, we have avoided Szymborska's rhymed poems. We believe that a quest for rhyme may succeed only at the expense of too many of the other values we are trying to honor. With a few exceptions, to which we draw attention in the notes, we stick to the free-verse poems. Fortunately, this self-imposed limitation does not affect the thematic coverage. And, as it happens, rhyme is characteristic mainly of the earlier poetry, being reserved in the mature work mostly for certain ironic and humorous effects.

We wish to express our thanks to Dr. Ludwik Krzyżanowski for permission to reprint translations of those poems that previously appeared in *The Polish Review*. We have profited from suggestions made by Daniel C. Gerould, Jadwiga Kosicka Gerould, and Krystyna Olszer. Above all, we are grateful to the poet herself for reading and commenting on the manuscript.

Our task has been an enjoyable one; and as we submit the results to our readers, we hope that they will find enjoyment too. If we have succeeded in conveying some idea of the splendid achievement of Wisława Szymborska, we shall consider our job well done.

MAGNUS J. KRYNSKI
ROBERT A. MAGUIRE

February, 1980

[20] Published in *Życie Literackie*, February 4, 1979, p. 1.

FROM
Calling Out to Yeti
(Wołanie do Yeti)
1957

Dwie małpy Bruegla

Tak wygląda mój wielki maturalny sen:
siedzą w oknie dwie małpy przykute łańcuchem,
za oknem fruwa niebo
i kąpie się morze.

Zdaję z historii ludzi.
Jąkam się i brnę.

Małpa, wpatrzona we mnie, ironicznie słucha,
druga niby to drzemie—
a kiedy po pytaniu nastaje milczenie,
podpowiada mi
cichym brząkaniem łańcucha.

Two Monkeys by Brueghel

I keep dreaming of my graduation exam:
in a window sit two chained monkeys,
beyond the window floats the sky,
and the sea splashes.

I am taking an exam on the history of mankind:
I stammer and flounder.

One monkey, eyes fixed upon me, listens ironically,
the other seems to be dozing—
and when silence follows a question,
he prompts me
with a soft jingling of the chain.

Jeszcze

W zaplombowanych wagonach
jadą krajem imiona,
a dokąd tak jechać będą,
a czy kiedy wysiędą,
nie pytajcie, nie powiem, nie wiem.

Imię Natan bije pięścią o ścianę,
imię Izaak śpiewa obłąkane,
imię Sara wody woła dla imienia
Aaron, które umiera z pragnienia.

Nie skacz w biegu, imię Dawida.
Tyś jest imię skazujące na klęskę,
nie dawane nikomu, bez domu,
do noszenia w tym kraju zbyt ciężkie.

Syn niech imię słowiańskie ma,
bo tu liczą włosy na głowie,
bo tu dzielą dobro od zła
wedle imion i kroju powiek.

Nie skacz w biegu. Syn będzie Lech.
Nie skacz w biegu. Jeszcze nie pora.
Nie skacz. Noc się rozlega jak śmiech
i przedrzeźnia kół stukanie na torach.

Chmura z ludzi nad krajem szła,
z dużej chmury mały deszcz, jedna łza,
mały deszcz, jedna łza, suchy czas.
Tory wiodą w czarny las.

Tak to, tak, stuka koło. Las bez polan.
Tak to, tak. Lasem jedzie transport wołań.
Tak to, tak. Obudzona w nocy słyszę
tak to, tak, łomotanie ciszy w ciszę.

Still

In sealed box cars travel
names across the land,
and how far they will travel so,
and will they ever get out,
don't ask, I won't say, I don't know.

The name Nathan strikes fist against wall,
the name Isaac, demented, sings,
the name Sarah calls out for water for
the name Aaron that's dying of thirst.

Don't jump while it's moving, name David.
You're a name that dooms to defeat,
given to no one, and homeless,
too heavy to bear in this land.

Let your son have a Slavic name,
for here they count hairs on the head,
for here they tell good from evil
by names and by eyelids' shape.

Don't jump while it's moving. Your son will be Lech.
Don't jump while it's moving. Not time yet.
Don't jump. The night echoes like laughter
mocking clatter of wheels upon tracks.

A cloud made of people moved over the land,
a big cloud gives a small rain, one tear,
a small rain—one tear, a dry season.
Tracks lead off into black forest.

Cor-rect, cor-rect clicks the wheel. Gladeless forest.
Cor-rect, cor-rect. Through the forest a convoy of clamors.
Cor-rect, cor-rect. Awakened in the night I hear
cor-rect, cor-rect, crash of silence on silence.

Martwa natura z balonikiem

Zamiast powrotu wspomnień
w czasie umierania
zamawiam sobie powrót
pogubionych rzeczy.

Oknami, drzwiami parasole,
walizka, rękawiczki, płaszcz,
żebym mogła powiedzieć:
Na co mi to wszystko.

Agrafki, grzebień ten i tamten,
róża z bibuły, sznurek, nóż,
żebym mogła powiedzieć:
Niczego mi nie żal.

Gdziekolwiek jesteś, kluczu,
staraj się przybyć w porę,
żebym mogła powiedzieć:
Rdza, mój drogi, rdza.

Spadnie chmura zaświadczeń,
przepustek i ankiet,
żebym mogła powiedzieć:
Słoneczko zachodzi.

Zegarku, wypłyń z rzeki,
pozwól się wziąć do ręki,
żebym mogła powiedzieć:
Udajesz godzinę.

Znajdzie się też balonik
porwany przez wiatr,
żebym mogła powiedzieć:
Tutaj nie ma dzieci.

Odfruń w otwarte okno,
odfruń w szeroki świat,
niech ktoś zawoła: O!
żebym zapłakać mogła.

Still Life with Toy Balloon

Instead of the return of memories
at the hour of death
I order up the return
of lost objects.

Through the windows, the doors—umbrellas,
a suitcase, gloves, a coat,
so I can say:
What use is all that to me?

Safety pins, this comb or that,
a paper rose, a string, a knife,
so I can say:
I have no regrets about anything.

Wherever you may be, key,
try to arrive on time,
so I can say:
It's all rust, my dear friend, rust.

A cloud of certificates will descend,
of passes and questionnaires,
so I can say:
The sun is setting.

O watch, swim out of the river,
let me take you in my hand,
so I can say:
Don't still pretend to indicate the hour.

The toy balloon torn loose by the wind
will also reappear,
so I can say:
There are no children here.

Fly off through the open window,
fly off into the wide world,
let someone cry out: Oh!
so I can weep.

Z nie odbytej wyprawy w Himalaje

Aha, więc to są Himalaje.
Góry w biegu na księżyc.
Chwila startu utrwalona
na rozprutym nagle niebie.
Pustynia chmur przebita.
Uderzenie w nic.
Echo—biała niemowa.
Cisza.

Yeti, niżej jest środa,
abecadło, chleb
i dwa a dwa to cztery,
i topnieje śnieg.
Jest czerwone jabłuszko
przekrojone na krzyż.

Yeti, nie tylko zbrodnie
są u nas możliwe.
Yeti, nie wszystkie słowa
skazują na śmierć.

Dziedziczymy nadzieję—
dar zapominania.
Zobaczysz, jak rodzimy
dzieci na ruinach.

Yeti, Szekspira mamy.
Yeti, na skrzypcach gramy.
Yeti, o zmroku
zapalamy światło.

Tu—ni księżyc, ni ziemia
i łzy zamarzają.
O Yeti Półtwardowski,
zastanów się, wróć!

From a Himalayan Expedition Not Made

Aha, so these are the Himalayas.
Mountains racing to the moon.
The start forever captured
against a sky that's suddenly rent.
A desert of clouds transfixed.
A thrust into nothing.
Echo—a white mute.
Silence.

Yeti, down here there's Wednesday,
the ABC's, bread
and two times two is four,
and snow melts.
Roses are red, violets are blue,
sugar is sweet, and so are you.

Yeti, it's not just crimes
that are possible down here.
Yeti, not every word
is a sentence of death.

We inherit hope—
the gift of forgetting.
You will see how we bear
children in the ruins.

Yeti, we have Shakespeare.
Yeti, we play the violin.
Yeti, at dusk
we turn on the light.

Up there—neither moon nor earth
and tears freeze.
O Yeti, semi-Selenite,
think again, come back!

Tak w czterech ścianach lawin
wołałam do Yeti
przytupując dla rozgrzewki
na śniegu
na wiecznym.

Thus within four walls of avalanches
I called out to Yeti
stomping my feet for warmth
on the snow
the snow eternal.

Próba

Oj tak, piosenko, szydzisz ze mnie,
bo choćbym poszła górą, nie zakwitnę różą.
Różą zakwita róża i nikt inny. Wiesz.

Próbowałam mieć liście. Chciałam się zakrzewić.
Z oddechem powstrzymanym—żeby było prędzej—
oczekiwałam chwili zamknięcia się w róży.

Piosenko, która nie znasz nade mną litości:
mam ciało pojedyncze, nieprzemienne w nic,
jestem jednorazowa aż do szpiku kości.

Czwarta nad ranem

Godzina z nocy na dzień.
Godzina z boku na bok.
Godzina dla trzydziestoletnich.

Godzina uprzątnięta pod kogutów pianie.
Godzina, kiedy ziemia zapiera się nas.
Godzina, kiedy wieje od wygasłych gwiazd.
Godzina a-czy-po-nas-nic-nie-pozostanie.

Godzina pusta.
Głucha, czcza.
Dno wszystkich innych godzin.

Nikomu nie jest dobrze o czwartej nad ranem.
Jeśli mrówkom jest dobrze o czwartej nad ranem
—pogratulujmy mrówkom. I niech przyjdzie piąta,
o ile mamy dalej żyć.

30

Attempt

Ah yes, sweet little song, how much you mock me,
for even if I go o'er hill, I won't bloom as a rose.
Only a rose blooms as a rose, no one else. That's for sure.

I tried to put out leaves, to turn into a bush.
Holding my breath—so it would happen quicker—
I waited for the moment of budding as a rose.

O sweet little song, you show no mercy toward me:
I have a body that's unique, immutable,
I'm here but once to the marrow of my bones.

Four in the Morning

The hour from night to day.
The hour from side to side.
The hour for those past thirty.

The hour swept clean to the crowing of cocks.
The hour when earth betrays us.
The hour when wind blows from extinguished stars.
The hour of and-what-if-nothing-remains-after-us.

The hollow hour.
Blank, empty.
The very pit of all other hours.

No one feels good at four in the morning.
If ants feel good at four in the morning
—three cheers for the ants. And let five o'clock come
if we're to go on living.

Atlantyda

Istnieli albo nie istnieli.
Na wyspie albo nie na wyspie.
Ocean albo nie ocean
połknął ich albo nie.

Czy było komu kochać kogo?
Czy było komu walczyć z kim?
Działo się wszystko albo nic
tam albo nie tam.

Miast siedem stało.
Czy na pewno?
Stać wiecznie chciało.
Gdzie dowody?

Nie wymyślili prochu, nie.
Proch wymyślili, tak.

Przypuszczalni. Wątpliwi.
Nie upamiętnieni.
Nie wyjęci z powietrza,
z ognia, z wody, z ziemi.

Nie zawarci w kamieniu
ani w kropli deszczu.
Nie mogący na serio
pozować do przestróg.

Meteor spadł.
To nie meteor.
Wulkan wybuchnął.
To nie wulkan.
Ktoś wołał coś.
Niczego nikt.

Na tej plus minus Atlantydzie.

Atlantis

Did they exist or not.
On an island or not.
Was it an ocean or not
that swallowed them up or not.

Did someone have someone to love?
Did someone have someone to fight with?
Did everything happen or nothing
there or not there?

There stood seven cities.
But are we sure of that?
They wished to stand forever.
Where then is the proof?

They did not invent gunpowder, no.
They did invent it, yes.

Hypothetical. Dubious.
Unimmortalized.
Unextracted from air,
from fire, from water, from earth.

Uncontained in stone
or in a drop of rain.
Unable seriously to pose
for a cautionary tale.

A meteor fell.
No, not a meteor.
A volcano erupted.
No, not a volcano.
Someone yelled something.
No, no one did.

On this plus minus Atlantis.

Muzeum

Są talerze, ale nie ma apetytu.
Są obrączki, ale nie ma wzajemności
od co najmniej trzystu lat.

Jest wachlarz—gdzie rumieńce?
Są miecze—gdzie gniew?
I lutnia ani brzęknie o szarej godzinie.

Z braku wieczności zgromadzono
dziesięć tysięcy starych rzeczy.
Omszały woźny drzemie słodko
zwiesiwszy wąsy nad gablotką.

Metale, glina, piórko ptasie
cichutko tryumfują w czasie.
Chichocze tylko szpilka po śmieszce z Egiptu.

Korona przeczekała głowę.
Przegrała dłoń do rękawicy.
Zwyciężył prawy but nad nogą.

Co do mnie, żyję, proszę wierzyć.
Mój wyścig z suknią nadal trwa.
A jaki ona upór ma!
A jak by ona chciała przeżyć!

The Museum

There have been plates but no appetite.
Wedding rings but no love returned
for at least three hundred years.

There is a fan—where are the rosy cheeks?
There are swords—where is the anger?
Nor does the lute twang at dusk.

For want of eternity ten thousand
old things have been assembled.
A mossy guard is having sweet dreams
his mustaches draped over a showcase.

Metals, earthenware, a bird's feather
quietly triumph in time.
Just the giggle of a sweet thing's pin from ancient Egypt.

The crown has outlasted the head.
The hand has lost out to the glove.
The right shoe has won out over the foot.

As for me, I'm alive, please believe me.
The race with my dress is still on.
You can't imagine my rival's will to win!
And how much it would like to outlast me!

Chwila w Troi

Małe dziewczynki
chude i bez wiary,
że piegi znikną z policzków,

nie zwracające niczyjej uwagi,
chodzące po powiekach świata,

podobne do tatusia albo do mamusi,
szczerze tym przerażone,

znad talerza,
znad książki,
sprzed lustra
porywane bywają do Troi.

W wielkich szatniach okamgnienia
przeobrażają się w piękne Heleny.

Wstępują po królewskich schodach
w szumie podziwu i długiego trenu.

Czują się lekkie. Wiedzą, że
piękność to wypoczynek,
że mowa sensu ust nabiera,
a gesty rzeźbią się same
w odniechceniu natchnionym.

Twarzyczki ich
warte odprawy posłów
dumnie sterczą na szyjach
godnych oblężenia.

Bruneci z filmów,
bracia koleżanek,
nauczyciel rysunków,
ach, polegną wszyscy.

Małe dziewczynki
z wieży uśmiechu
patrzą na katastrofę.

A Moment in Troy

Little girls
skinny and despairing
of ever losing the freckles on their cheeks,

attracting no one's notice,
walking over the world's eyelids,

looking like daddy or mommy,
truly horrified by that,

from above the plate,
from above the book,
from before the mirror
they are abducted to Troy.

In an eyewink's splendid dressing-rooms
they are transformed into beautiful Helens.

They ascend the royal staircase
in a rustle of admiration and long trains.

They feel light. They know that
beauty is rest,
speech takes sense from the lips,
and gestures carve themselves
in inspired nonchalance.

Their little faces
worthy of the dismissal of the Grecian envoys
proudly rise from necks
well worth a siege.

The dark-haired heroes of films,
the brothers of their girl friends,
the teacher of drawing,
oh, they will all be slain.

The little girls
gaze on catastrophe
from a tower of smiles.

Małe dziewczynki
ręce załamują
w upajającym obrzędzie obłudy.

Małe dziewczynki
na tle spustoszenia
w diademie płonącego miasta
z kolczykami lamentu powszechnego w uszach.

Blade i bez jednej łzy.
Syte widoku. Tryumfalne.
Zasmucone tym tylko,
że trzeba powrócić.

Małe dziewczynki
powracające.

The little girls
wring their hands
in heady rites of hypocrisy.

The little girls
with devastation as the foil,
set in the diadem of the burning city,
wearing rings of general lamentation in their ears.

Pale and without a single tear.
Sated with the spectacle. Gloating.
Saddened only because
they must go back.

The little girls
going back.

Elegia podróżna

Wszystko moje, nic własnością,
nic własnością dla pamięci,
a moje, dopóki patrzę.

Ledwie wspomniane, już niepewne
boginie swoich głów.

Z miasta Samokow tylko deszcz
i nic prócz deszczu.

Paryż od Luwru do paznokcia
bielmem zachodzi.

Z bulwaru Saint-Martin zostały schodki
i wiodą do zaniku.

Nic więcej niż półtora mostu
w Leningradzie mostowym.

Biedna Uppsala
z odrobiną wielkiej katedry.

Nieszczęsny tancerz sofijski,
ciało bez twarzy.

Osobno jego twarz bez oczu,
osobno jego oczy bez źrenic,
osobno źrenice kota.

Kaukaski orzeł szybuje
nad rekonstrukcją wąwozu,
złoto słońca nieszczere
i fałszywe kamienie.

Wszystko moje, nic własnością,
nic własnością dla pamięci,
a moje, dopóki patrzę.

Travel Elegy

All is mine but nothing owned,
nothing owned for memory,
and mine only while I look.

No sooner remembered than uncertain
are the goddesses of their heads.

Of the town of Samokov only rain
and nothing but the rain.

Paris from Louvre to fingernail
is covered with a film.

Of Boulevard Saint-Martin the steps remain
and lead into extinction.

Nothing more than a bridge and a half
in bridgey Leningrad.

Poor Uppsala
with the mite of a great cathedral.

The hapless dancer of Sofia,
a body without a face.

Separate—his face without eyes,
separate—his eyes without pupils,
separate—the pupils of a cat.

The Caucasian eagle soars
over a reconstruction of a canyon,
the impure gold of a sun
and fake stones.

All is mine but nothing owned,
nothing owned for memory,
and mine only while I look.

Nieprzebrane, nieobjęte,
a poszczególne aż do włókna,
ziarnka piasku, kropli wody
—krajobrazy.

Nie uchowam ani źdźbła
w jego pełnej widzialności.

Powitanie z pożegnaniem
w jednym spojrzeniu.

Dla nadmiaru i dla braku
jeden ruch szyi.

Niespodziane spotkanie

Jesteśmy bardzo uprzejmi dla siebie,
twierdzimy, że to miło spotkać się po latach.

Nasze tygrysy piją mleko.
Nasze jastrzębie chodzą pieszo.
Nasze rekiny toną w wodzie.
Nasze wilki ziewają przed otwartą klatką.

Nasze żmije otrząsnęły się z błyskawic,
małpy z natchnień, pawie z piór.
Nietoperze jakże dawno uleciały z naszych włosów.

Milkniemy w połowie zdania
bez ratunku uśmiechnięci.
Nasi ludzie
nie umieją mówić z sobą.

Innumerable, infinite,
yet individual to the very filament,
the grain of sand, the drop of water
—landscapes.

I won't retain one blade of grass
in sharp contour.

Greeting and farewell
in a single glance.

For excess and for lack
a single movement of the neck.

Unexpected Meeting

We are very polite to each other,
insist it's nice meeting after all these years.

Our tigers drink milk.
Our hawks walk on the ground.
Our sharks drown in water.
Our wolves yawn in front of the open cage.

Our serpents have shaken off lightning,
monkeys—inspiration, peacocks—feathers.
The bats—long ago now—have flown out of our hair.

We fall silent in mid-phrase,
smiling beyond salvation.
Our people
have nothing to say.

Złote gody

Musieli kiedyś być odmienni,
ogień i woda, różnić się gwałtownie,
obrabowywać i obdarowywać
w pożądaniu, napaści na niepodobieństwo.
Objęci, przywłaszczali się i wywłaszczali
tak długo,
aż w ramionach zostało powietrze
przeźroczyste po odlocie błyskawic.

Pewnego dnia odpowiedź padła przed pytaniem.
Którejś nocy odgadli wyraz swoich oczu
po rodzaju milczenia, w ciemności.

Spełza płeć, tleją tajemnice,
w podobieństwie spotykają się różnice
jak w bieli wszystkie kolory.

Kto z nich jest podwojony, a kogo tu brak?
Kto się uśmiecha dwoma uśmiechami?
Czyj głos rozbrzmiewa na dwa głosy?
W czyim potakiwaniu kiwają głowami?
Czyim gestem podnoszą łyżeczki do ust?
Kto z kogo tutaj skórę zdarł?
Kto tutaj żyje, a kto zmarł
wplątany w linie—czyjej dłoni?

Pomału z zapatrzenia rodzą się bliźnięta.
Zażyłość jest najdoskonalszą z matek—
nie wyróżnia żadnego z dwojga swoich dziatek,
które jest które, ledwie że pamięta.

W dniu złotych godów, w uroczystym dniu
jednakowo ujrzany gołąb siadł na oknie.

Golden Anniversary

They must have been at one time unalike,
fire and water, must have differed violently,
must have stolen and bestowed
in lust, assault on non-resemblance.
Locked in embrace, they appropriated, expropriated each other
so long
that all remaining in their arms was air
transparent after lightnings winged away.

One day the answer came before the question.
One night they guessed the look in each other's eyes
from the nature of the silence, in the darkness.

Gender fades, mysteries decay,
differences meet in resemblance
as all colors in white.

Which of them is doubled and which missing?
Which of them smiles with two smiles?
Whose voice speaks for two voices?
Who nods assent for two heads?
Whose gesture lifts the teaspoon to the lips?
Which is the skinner and which the skinned?
Which is still living and which has died
entangled in the lines of whose palm?

Little by little staring produces twins.
Familiarity's the very best of mothers—
favoring neither of the little cherubs,
barely remembering which is which.

On their golden wedding day, this solemn day,
a dove identically seen has lighted in the window.

Przypowieść

Rybacy wyłowili z głębiny butelkę. Był w niej papier, a na nim takie były słowa: „Ludzie, ratujcie! Jestem tu. Ocean mnie wyrzucił na bezludną wyspę. Stoję na brzegu i czekam pomocy. Spieszcie się. Jestem tu!"

—Brakuje daty. Pewnie już za późno. Butelka mogła długo pływać w morzu—powiedział rybak pierwszy.

—I miejsce nie zostało oznaczone. Nawet ocean nie wiadomo który—powiedział rybak drugi.

—Ani za późno, ani za daleko. Wszędzie jest wyspa Tu—powiedział rybak trzeci.

Zrobiło się nieswojo, zapadło milczenie. Prawdy ogólne mają to do siebie.

Parable

Some fishermen pulled a bottle from the deep. In it was a scrap of paper, on which were written the words: "Someone, save me! Here I am. The ocean has cast me up on a desert island. I am standing on the shore waiting for help. Hurry. Here I am!"

"There is no date. Surely it is too late by now. The bottle could have been floating in the sea a long time," said the first fisherman.

"And the place is not indicated. We do not even know which ocean," said the second fisherman.

"It is neither too late nor too far. The island called Here is everywhere," said the third fisherman.

They all felt uneasy. A silence fell. So it is with universal truths.

Kobiety Rubensa

Waligórzanki, żeńska fauna,
jak łoskot beczek nagie.
Gnieżdżą się w stratowanych łożach,
śpią z otwartymi do piania ustami.
Źrenice ich uciekły w głąb
i penetrują do wnętrza gruczołów,
z których się drożdże sączą w krew.

Córy baroku. Tyje ciasto w dzieży,
parują łaźnie, rumienią się wina,
cwałują niebem prosięta obłoków,
rżą trąby na fizyczny alarm.

O rozdynione, o nadmierne
i podwojone odrzuceniem szaty,
i potrojone gwałtownością pozy
tłuste dania miłosne!

Ich chude siostry wstały wcześniej,
zanim się rozwidniło na obrazie.
I nikt nie widział, jak gęsiego szły
po nie zamalowanej stronie płótna.

Wygnanki stylu. Żebra przeliczone,
ptasia natura stóp i dłoni.
Na sterczących łopatkach próbują ulecieć.

Trzynasty wiek dałby im złote tło.
Dwudziesty—dałby ekran srebrny.
Ten siedemnasty nic dla płaskich nie ma.

Albowiem nawet niebo jest wypukłe,
wypukli aniołowie i wypukły bóg—
Febus wąsaty, który na spoconym
rumaku wjeżdża do wrzącej alkowy.

The Women of Rubens

Giantesses, female fauna,
naked as the rumbling of barrels.
They sprawl in trampled beds,
sleep with mouths agape for crowing.
Their eyes have fled into the depths
and penetrate to the very core of glands
from which yeast seeps into the blood.

Daughters of the Baroque. Dough rises in kneading-troughs,
baths are asteam, wines glow ruby,
piglets of cloud gallop across the sky,
trumpets neigh an alert of the flesh.

O meloned, O excessive ones,
doubled by the flinging off of shifts,
trebled by the violence of posture,
you lavish dishes of love!

Their slender sisters had risen earlier,
before dawn broke in the picture.
No one noticed how, single file, they
had moved to the canvas's unpainted side.

Exiles of style. Their ribs all showing,
their feet and hands of birdlike nature.
Trying to take wing on bony shoulder blades.

The thirteenth century would have given them a golden
    background,
the twentieth—a silver screen.
The seventeenth had nothing for the flat of chest.

For even the sky is convex,
convex the angels and convex the god—
mustachioed Phoebus who on a sweaty
mount rides into the seething alcove.

Woda

Kropla deszczu mi spadła na rękę,
utoczona z Gangesu i Nilu,

z wniebowziętego szronu na wąsikach foki,
z wody rozbitych dzbanów w miastach Ys i Tyr.

Na moim wskazującym palcu
Morze Kaspijskie jest morzem otwartym,

a Pacyfik potulnie wpływa do Rudawy
tej samej, co fruwała chmurką nad Paryżem

w roku siedemset sześćdziesiątym czwartym
siódmego maja o trzeciej nad ranem.

Nie starczy ust do wymówienia
przelotnych imion twoich, wodo.

Musiałabym cię nazwać we wszystkich językach
wypowiadając naraz wszystkie samogłoski

i jednocześnie milczeć—dla jeziora,
które nie doczekało jakiejkolwiek nazwy

i nie ma go na ziemi—jako i na niebie
gwiazdy odbitej w nim.

Ktoś tonął, ktoś o ciebie wołał umierając.
Było to dawno i było to wczoraj.

Domy gasiłaś, domy porywałaś
jak drzewa, lasy jak miasta.

Byłaś w chrzcielnicach i wannach kurtyzan.
W pocałunkach, całunach.

Water

A drop of rain fell on my hand,
condensed from the Ganges and the Nile,

from the heavenward ascending hoarfrost on the whiskers of a seal,
from the water of broken jugs in the cities of Ys and Tyre.

On my index finger
the Caspian Sea is the open sea,

and the Pacific meekly flows into the Rudawa,
that very same river that floated as a cloud over Paris

in the year seventeen hundred and sixty four
on the seventh of May at three in the morning.

There are not lips enough to utter
your fugitive names, O water.

I would have to name you in all the languages
uttering all the vowels all at once

and at the same time keep silent—for the lake
which vainly has awaited any name

and does not exist on earth—just as for the star
that in the sky finds reflection in it.

Someone was drowning, someone dying called for you.
That was long ago and that was yesterday.

Houses you extinguished, houses you carried off
like trees, forests like towns.

You were in baptismal fonts and in the baths of courtesans.
In shrouds, in love-enshrouded kisses.

Gryząc kamienie, karmiąc tęcze.
W pocie i rosie piramid, bzów.

Jakie to lekkie w kropli deszczu.
Jak delikatnie dotyka mnie świat.

Cokolwiek kiedykolwiek gdziekolwiek się działo,
spisane jest na wodzie babel.

Streszczenie

Hiob, doświadczony na ciele i mieniu, złorzeczy doli ludzkiej.
To wielka poezja. Przychodzą przyjaciele i rozdzierając szaty swe
badają winę Hioba przed obliczem Pana. Hiob woła, że był spra-
wiedliwy. Hiob nie wie, czemu dosięgnął go Pan. Hiob nie chce
mówić z nimi. Hiob chce mówić z Panem. Zjawia się Pan na wozie
wichru. Przed otwartym do kości chwali dzieło swoje: niebiosa,
morza, ziemię i zwierzęta. A osobliwie Behemota, a w szczególności
Lewiatana, dumą napawające bestie. To wielka poezja. Hiob
słucha—nie na temat mówi Pan, bo nie na temat pragnie mówić
Pan. Pośpiesznie przeto korzy się przed Panem. Teraz wypadki
następują szybko. Hiob odzyskuje osły i wielbłądy, woły i owce
dwakroć przyczynione. Skóra obrasta wyszczerzoną czaszkę. I Hiob
pozwala na to. Hiob się godzi. Hiob nie chce psuć arcydzieła.

Eating away at stones, nourishing the rainbows.
In the sweat and dew of pyramids, of lilacs.

How much lightness there is in a drop of rain.
How delicately does the world touch me.

Whatever whenever wherever has happened
is written on the water of Babel.

A Tale Retold

Job, afflicted in body and possessions, curses his fate as a man.
That is great poetry. His friends come to him and, rending their
mantles, probe Job's guiltiness before the Lord. Job cries out that
he has been a righteous man. Job does not know wherefore the Lord
has smitten him. Job does not want to speak with them. Job wants
to speak with the Lord. The Lord appears riding the chariot of a
whirlwind. Unto that man, open to the very bone, He praises His
own creation: the heavens, the seas, the earth and the beasts. And
especially Behemoth, and in particular Leviathan, pride-inspiring
monsters. That is great poetry. Job listens—the Lord does not speak
to the point, for the Lord does not wish to speak to the point. Hence
Job makes haste to abase himself before the Lord. Now events
follow swiftly. Job regains his asses and his camels, his oxen and
his sheep, all increased twofold. The grinning skull begins to take
on flesh. And Job assents. Job resigns himself. Job does not want
to spoil a masterwork.

FROM
Sto pociech (A Million Laughs,
A Bright Hope)
1967

Radość pisania

Dokąd biegnie ta napisana sarna przez napisany las?
Czy z napisanej wody pić,
która jej pyszczek odbije jak kalka?
Dlaczego łeb podnosi, czy coś słyszy?
Na pożyczonych z prawdy czterech nóżkach wsparta
spod moich palców uchem strzyże.
Cisza—ten wyraz też szeleści po papierze
i rozgarnia
spowodowane słowem „las" gałęzie.

Nad białą kartką czają się do skoku
litery, które mogą ułożyć się źle,
zdania osaczające,
przed którymi nie będzie ratunku.

Jest w kropli atramentu spory zapas
myśliwych z przymrużonym okiem,
gotowych zbiec po stromym piórze w dół,
otoczyć sarnę, złożyć się do strzału.

Zapominają, że tu nie jest życie.
Inne, czarno na białym, panują tu prawa.
Okamgnienie trwać będzie tak długo, jak zechcę,
pozwoli się podzielić na małe wieczności
pełne wstrzymanych w locie kul.
Na zawsze, jeśli każę, nic się tu nie stanie.
Bez mojej woli nawet liść nie spadnie
ani źdźbło się nie ugnie pod kropką kopytka.

Jest więc taki świat,
nad którym los sprawuję niezależny?
Czas, który wiążę łańcuchami znaków?
Istnienie na mój rozkaz nieustanne?

Radość pisania.
Możność utrwalania.
Zemsta ręki śmiertelnej.

The Joy of Writing

Where through the written forest runs that written doe?
Is it to drink from the written water,
which will copy her gentle mouth like carbon paper?
Why does she raise her head, is it something she hears?
Poised on four fragile legs borrowed from truth
she pricks up her ears under my fingers.
Stillness—this word also rustles across the paper
and parts
the branches brought forth by the word "forest."

Above the blank page lurking, set to spring
are letters that may compose themselves all wrong,
besieging sentences
from which there is no rescue.

In a drop of ink there's a goodly reserve
of huntsmen with eyes squinting to take aim,
ready to dash down the steep pen,
surround the doe and level their guns.

They forget that this is not real life.
Other laws, black on white, here hold sway.
The twinkling of an eye will last as long as I wish,
will consent to be divided into small eternities
full of bullets stopped in flight.
Forever, if I command it, nothing will happen here.
Against my will no leaf will fall
nor blade of grass bend under the full stop of a hoof.

Is there then such a world
over which I rule sole and absolute?
A time I bind with chains of signs?
An existence perpetuated at my command?

The joy of writing.
The power of preserving.
The revenge of a mortal hand.

Pamięć nareszcie

Pamięć nareszcie ma, czego szukała.
Znalazła mi się matka, ujrzał mi się ojciec.
Wyśniłam dla nich stół, dwa krzesła. Siedli.
Byli mi znowu swoi i znowu mi żyli.
Dwoma lampami twarzy o szarej godzinie
błyśli jak Rembrandtowi.

Teraz dopiero mogę opowiedzieć,
w ilu snach się tułali, w ilu zbiegowiskach
spod kół ich wyciągałam,
w ilu agoniach przez ile mi lecieli rąk.
Odcięci—odrastali krzywo.
Niedorzeczność zmuszała ich do maskarady.
Cóż stąd, że to nie mogło ich poza mną boleć,
jeśli bolało ich we mnie.
Śniona gawiedź słyszała, jak wołałam mamo
do czegoś, co skakało piszcząc na gałęzi.
I był śmiech, że mam ojca z kokardą na głowie.
Budziłam się ze wstydem.

No i nareszcie.
Pewnej zwykłej nocy,
z pospolitego piątku na sobotę,
tacy mi nagle przyszli, jakich chciałam.
Śnili się, ale jakby ze snów wyzwoleni,
posłuszni tylko sobie i niczemu już.
W głębi obrazu zgasły wszystkie możliwości,
przypadkom brakło koniecznego kształtu.
Tylko oni jaśnieli piękni, bo podobni.
Zdawali mi się długo, długo i szczęśliwie.

Zbudziłam się. Otwarłam oczy.
Dotknęłam świata jak rzeźbionej ramy.

Memory at Last

Memory at last has what it sought.
My mother has been found, my father glimpsed.
I dreamed up for them a table, two chairs. They sat down.
Once more they seemed close, and once more living for me.
With the lamps of their two faces, at twilight,
they suddenly gleamed as if for Rembrandt.

Only now can I relate
the many dreams in which they've wandered, the many throngs
in which I've pulled them out from under wheels,
the many death-throes where they have collapsed into my arms.
Cut off—they would grow back crooked.
Absurdity forced them into masquerade.
Small matter that this could not hurt them outside me
if it hurt them inside me.
The gawking rabble of my dreams heard me calling "mamma"
to something that hopped squealing on a branch.
And they laughed because I had a father with a ribbon in his hair.
I would wake up in shame.

Well, at long last.
On a certain ordinary night,
between a humdrum Friday and Saturday,
they suddenly appeared exactly as I wished them.
Seen in a dream, they yet seemed freed from dreams,
obedient only to themselves and nothing else.
All possibilities vanished from the background of the image,
accidents lacked a finished form.
Only they shone with beauty, for they were like themselves.
They appeared to me a long, long time, and happily.

I woke up. I opened my eyes.
I touched the world as if it were a carved frame.

Album

Nikt w rodzinie nie umarł z miłości.
Co tam było, to było, ale nic dla mitu.
Romeowie gruźlicy? Julie dyfterytu?
Niektórzy wręcz dożyli zgrzybiałej starości.
Żadnej ofiary braku odpowiedzi
na list pokropiony łzami!
Zawsze w końcu zjawiali się sąsiedzi
z różami i binoklami.
Żadnego zaduszenia się w stylowej szafie,
kiedy to raptem wraca mąż kochanki!
Nikomu te sznurówki, mantylki, falbanki
nie przeszkodziły wejść na fotografię.
I nigdy w duszy piekielnego Boscha!
I nigdy z pistoletem do ogrodu!
(Konali z kulą w czaszce, ale z innego powodu
i na polowych noszach.)
Nawet ta, z ekstatycznym kokiem
i oczami podkutymi jak po balu,
odpłynęła wielkim krwotokiem
nie do ciebie, danserze, i nie z żalu.
Może ktoś, dawniej, przed dagerotypem—
ale z tych, co w albumie, nikt, o ile wiem.
Rozśmieszały się smutki, leciał dzień za dniem,
a oni, pocieszeni, znikali na grypę.

Family Album

No one in my family has ever died of love.
What happened, happened, but nothing myth-inspiring.
Romeos of consumption? Juliets of diphtheria?
Some have even achieved decrepitude.
No victims they of non-replies
to letters wet with tears!
In the end the neighbors always turned up
with roses and pince-nez.
No strangulation in an elegant armoire
when the mistress's husband suddenly returned!
Those stays, those shawls, those flounces
kept none of them out of the photograph.
And no infernal Bosch in their hearts!
And no dashing out to the garden with pistols!
(They died with a bullet in the skull, but for other reasons
and on field-stretchers.)
Even the woman with the ecstatic hair-bun
and eyes dark-circled as after a ball,
flowed away in a great hemorrhage
not to you, dance-partner, and not from grief.
Maybe someone, long ago, before daguerreotype—
but no one in the album—no one so far as I know.
Sorrows laughed themselves away, day passed after day,
and they, consoled, would waste away from grippe.

Śmiech

Dziewczynka, którą byłam—
znam ją, oczywiście.
Mam kilka fotografii
z jej krótkiego życia.
Czuję wesołą litość
dla paru wierszyków.
Pamiętam kilka zdarzeń.

Ale,
żeby ten, co jest tu ze mną,
roześmiał się i objął mnie,
wspominam tylko jedną historyjkę:
dziecinną miłość
tej małej brzyduli.

Opowiadam,
jak kochała się w studencie,
to znaczy chciała,
żeby spojrzał na nią.

Opowiadam,
jak mu wybiegła naprzeciw
z bandażem na zdrowej głowie,
żeby chociaż, och, zapytał,
co się stało.

Zabawna mała.
Skądże mogła wiedzieć,
że nawet rozpacz przynosi korzyści,
jeżeli dobrym trafem
pożyje się dłużej.

Dałabym jej na ciastko.
Dałabym na kino.
Idź sobie, nie mam czasu.

Laughter

The little girl I was—
I knew her, naturally.
I have a few photos
from her brief life.
I feel a mirthful pity
for several little verses.
I remember a few events.

Yet
to make the man who's now with me
laugh and put his arms around me,
I recall only one small story:
the puppy love
of that plain little thing.

I tell
of her love for a student,
that is, how she wanted
him to look at her.

I tell
how she ran to meet him,
a bandage around her unhurt head,
so he'd at least—oh!—ask
what had happened.

A funny little girl.
How could she have known
that even despair yields profit
if by some good fortune
one should live a little longer.

I would give her money for a sweet.
I would give her money for a movie.
Off with you now, I'm busy.

No przecież widzisz,
że światło zgaszone.
Chyba rozumiesz,
że zamknięte drzwi.
Nie szarp za klamkę—
ten, co się roześmiał,
ten, co mnie objął,
to nie jest twój student.

Najlepiej, gdybyś wróciła,
skąd przyszłaś.
Nic ci nie jestem winna,
zwyczajna kobieta,
która tylko wie,
kiedy
zdradzić cudzy sekret.

Nie patrz tak na nas
tymi swoimi oczami
zanadto otwartymi,
jak oczy umarłych.

But can't you see
the light is out.
Can't you understand
the door is closed.
Don't pull at the knob—
the man who laughed,
who put his arms around me,
is not that student of yours.

You'd better go back
where you came from.
I owe you nothing,
I'm an average woman
who only knows
when
to betray another's secret.

Don't look at us like that
with those eyes of yours
open much too wide
like the eyes of the dead.

Żywy

Już tylko obejmujemy.
Obejmujemy żywego.
Susem już tylko serca
umiejąc go dopaść.

Ku zgorszeniu pajęczycy,
krewnej naszej po kądzieli,
on nie zostanie pożarty.

Pozwalamy jego głowie,
od wieków ułaskawionej,
spocząć na naszym ramieniu.

Z tysiąca bardzo splątanych powodów
mamy w zwyczaju
słuchać, jak oddycha.

Wygwizdane z misterium.
Rozbrojone ze zbrodni.
Wydziedziczone z żeńskiej grozy.

Czasem tylko paznokcie
błysną, drasną, zgasną.
Czy wiedzą,
czy choć mogą się domyślić,
jakiej fortuny są ostatnim srebrem?

On już zapomniał
uciekać przed nami.
Nie zna, co to na karku
wielooki strach.

Wygląda,
jakby ledwie zdołał się urodzić.
Cały z nas.
Cały nasz.

Still Alive

Now we just embrace.
Embrace him who is still alive.
Now just a leap of the heart
is enough to hunt him down.

To the outrage of the black widow,
our relative on the maternal side,
he will not be devoured.

We allow his head,
pardoned these centuries long,
to come to rest on our arm.

For thousands of very tangled reasons
it is our custom
to listen to him breathe.

Booed out of the mystery play.
Disarmed of crime.
Disinherited of female menace.

Sometimes only the nails
flash, scratch, retract.
Do they know, can they at least
suspect the dower of which
they're the only silver left?

He has already forgotten
to run away from us.
On his neck he no longer feels
many-eyed fear.

He has the look
of one just born.
All out of us.
All ours.

Z błagalnym cieniem rzęsy
na policzku.
Z rzewnym strumykiem potu
między łopatkami.

Taki nam teraz jest
i taki zaśnie.
Ufny.
W uścisku przedawnionej śmierci.

With the beseeching shadow of eyelashes
on his cheek.
With a wistful rivulet of sweat
between his shoulder blades.

Such is he to us now
and such will he fall asleep.
Trustful.
Clasped in a death limited by statute.

Urodzony

Więc to jest jego matka.
Ta mała kobieta.
Szarooka sprawczyni.

Łódka, w której przed laty
przypłynął do brzegu.

To z niej się wydobywał
na świat,
na niewieczność.

Rodzicielka mężczyzny,
z którym skaczę przez ogień.

Więc to ona, ta jedyna,
co go sobie nie wybrała
gotowego, zupełnego.

Sama go pochwyciła
w znajomą mi skórę,
przywiązała do kości
ukrytych przede mną.

Sama mu wypatrzyła
jego szare oczy,
jakimi spojrzał na mnie.

Więc to ona, alfa jego.
Dlaczego mi ją pokazał.

Urodzony.
Więc jednak i on urodzony.
Urodzony jak wszyscy.
Jak ja, która umrę.

Syn prawdziwej kobiety.
Przybysz z głębin ciała.
Wędrowiec do omegi.

Born of Woman

So that is his mother.
That little woman.
The gray-eyed perpetrator.

The boat in which years ago
he floated to the shore.

Out of which he struggled
into the world,
into non-eternity.

The bearer of the man
with whom I walk through fire.

So that is she, the only one
who did not choose him
ready-made, complete.

Herself she pressed him
into the skin I know,
bound him to the bones
hidden from me.

Herself she spied out
his gray eyes,
with which he looked at me.

So that is she, his alpha.
Why did he show her to me.

Born of woman.
So he too was born.
Born like all others.
Like me who will die.

The son of a real woman.
A newcomer from body's depths.
A wanderer to omega.

Narażony
na nieobecność swoją
zewsząd,
w każdej chwili.

A jego głowa
to jest głowa w mur
ustępliwy do czasu.

A jego ruchy
to są uchylenia
od powszechnego wyroku.

Zrozumiałam,
że uszedł już połowę drogi.

Ale mi tego nie powiedział,
nie.

—To moja matka—
powiedział mi tylko.

Threatened
by his own non-existence
from all sides
at every instant.

And his head
is a head banging against the wall
that yields but for the moment.

And his movements
are all attempts to dodge
the universal verdict.

I understood
he had already travelled half the way.

But he didn't tell me that,
no, he did not.

"This is my mother,"
was all he said to me.

Spis ludności

Na wzgórzu, gdzie stała Troja,
odkopano siedem miast.
Siedem miast. O sześć za dużo
jak na jedną epopeję.
Co z nimi zrobić, co zrobić?
Pękają heksametry,
afabularna cegła wyziera ze szczelin,
w ciszy filmu niemego obalone mury,
zwęglone belki, zerwane ogniwa,
dzbanki wypite do utraty dna,
amulety płodności, pestki sadów
i czaszki dotykalne jak jutrzejszy księżyc.

Przybywa nam dawności,
robi się w niej tłoczno,
rozpychają się w dziejach dzicy lokatorzy,
zastępy mięsa mieczowego,
reszki orła-Hektora dorównujące mu męstwem,
tysiące i tysiące poszczególnych twarzy,
a każda pierwsza i ostatnia w czasie,
a w każdej dwoje niebywałych oczu.
Tak lekko było nic o tym nie wiedzieć,
tak rzewnie, tak przestronnie.

Co z nimi robić, co im dać?
Jakiś wiek mało zaludniony do tej pory?
Trochę uznania dla sztuki złotniczej?
Za późno przecież na sąd ostateczny.
My, trzy miliardy sędziów,
mamy swoje sprawy,
własne nieartykułowane rojowiska,
dworce, trybuny sportowe, pochody,
liczebne zagranice ulic, pięter, ścian.
Mijamy się na wieczność w domach towarowych
kupując nowy dzbanek.
Homer pracuje w biurze statystycznym.
Nikt nie wie, co robi w domu.

76

Census

On the hill where Troy once stood,
seven cities have been excavated.
Seven cities. Six too many
for a single epic poem.
What can we do about them, what can we do?
The hexameters are bursting asunder,
unnarrated brick protrudes from the cracks,
in the stillness of a silent film ruined walls,
charred beams, broken links,
pitchers drained to the last bottom,
fertility amulets, orchard seeds,
and skulls tangible as tomorrow's moon.

There is an expansion of antiquity these days,
it's getting very crowded there,
fierce tenants elbow their way through history,
legions of sword-fodder,
twin brothers of Hector the eagle, fully his equal in valor,
thousands and thousands of individual faces,
each the first and the last in time,
and each with a pair of unique eyes.
It used to be so easy to ignore something
that lachrymose, that spacious.

What can we do about them, what can we give them?
Some century hitherto under-populated?
Some small recognition for their gold-work?
Surely it's too late for the last judgment.
We, three billion judges,
have our own problems,
our own inarticulate swarms,
railway stations, sports stadiums, processions,
numerous foreign lands of streets, floors, walls.
We pass one another for eternity in dime stores
while buying a new pitcher.
Homer holds down a job in the bureau of statistics.
No one knows what he does at home.

Monolog dla Kasandry

To ja, Kasandra.
A to jest moje miasto pod popiołem.
A to jest moja laska i wstążki prorockie.
A to jest moja głowa pełna wątpliwości.

To prawda, tryumfuję.
Moja racja aż łuną uderzyła w niebo.
Tylko prorocy, którym się nie wierzy,
mają takie widoki.
Tylko ci, którzy źle zabrali się do rzeczy,
i wszystko mogło spełnić się tak szybko,
jakby nie było ich wcale.

Wyraźnie teraz przypominam sobie,
jak ludzie, widząc mnie, milkli wpół słowa.
Rwał się śmiech.
Rozplatały się ręce.
Dzieci biegły do matki.
Nawet nie znałam ich nietrwałych imion.
A ta piosenka o zielonym listku—
nikt jej nie kończył przy mnie.

Kochałam ich.
Ale kochałam z wysoka.
Sponad życia.
Z przyszłości. Gdzie zawsze jest pusto
i skąd cóż łatwiejszego jak zobaczyć śmierć.
Żałuję, że mój głos był twardy.
Spójrzcie na siebie z gwiazd—wołałam—
spójrzcie na siebie z gwiazd.
Słyszeli i spuszczali oczy.

Monologue for Cassandra

I am Cassandra.
And this is my city under the ashes.
And this is my prophet's staff and fillets.
And this is my head full of doubt.

It is true, I am gloating.
My rightness struck the sky in a fiery glow.
Only prophets who are not believed
enjoy such sights.
Only those who went about things so badly
that everything could be fulfilled so quickly,
as if they had never existed.

Now I remember distinctly
how people, on seeing me, stopped in mid-syllable.
Laughter broke off.
Hands pulled apart.
Children ran to their mothers.
I did not even know their evanescent names.
And that song about the green leaf—
no one finished it in my presence.

I loved them.
But I loved them from on high.
From above life.
From the future. Where it is always empty
and whence nothing is easier than to see death.
I regret that my voice was harsh.
Just look at yourselves from the stars, I called out,
just look at yourselves from the stars.
They heard me and lowered their eyes.

Żyli w życiu.
Podszyci wielkim wiatrem.
Przesądzeni.
Od urodzenia w pożegnalnych ciałach.
Ale była w nich jakaś wilgotna nadzieja,
własną migotliwością sycący się płomyk.
Oni wiedzieli, co to takiego jest chwila,
och bodaj jedna jakakolwiek
zanim—

Wyszło na moje.
Tylko że z tego nie wynika nic.
A to jest moja szatka ogniem osmalona.
A to są moje prorockie rupiecie.
A to jest moja wykrzywiona twarz.
Twarz, która nie wiedziała, że mogła być piękna.

They lived in life.
Open to all the winds.
Foredoomed.
From birth in farewell bodies.
And yet in them was a certain moist hope,
a flame feeding on its own flickering.
They knew the value of the moment,
oh, if but a single moment
before—

I told you so.
Except nothing follows from it.
And this is my fair garment singed by fire.
And these are my prophet's odds and ends.
And this is my contorted face.
The face that did not know it could be beautiful.

Ścięcie

Dekolt pochodzi od decollo,
decollo znaczy ścinam szyję.
Królowa Szkocka Maria Stuart
przyszła na szafot w stosownej koszuli,
koszula była wydekoltowana
i czerwona jak krwotok.

W tym samym czasie
w odludnej komnacie
Elżbieta Tudor Królowa Angielska
stała przy oknie w sukni białej.
Suknia była zwycięsko zapięta pod brodę
i zakończona krochmaloną kryzą.

Myślały chórem:
„Boże, zmiłuj się nade mną"
„Słuszność po mojej stronie"
„Żyć czyli zawadzać"
„W pewnych okolicznościach sowa jest córką piekarza"
„To się nigdy nie skończy"
„To się już skończyło"
„Co ja tu robię, tu gdzie nie ma nic."

Różnica stroju—tak, tej bądźmy pewni.
Szczegół
jest niewzruszony.

Beheading

Décolletage comes from decollo,
decollo means I cut off the neck.
The Queen of Scots, Mary Stuart,
approached the scaffold in suitable chemise,
the chemise was décolleté
and red as a burst of blood.

At the very same time
in a deserted chamber
Elizabeth Tudor, Queen of England,
stood by a window in a white dress.
The dress was triumphantly buttoned to the chin
and ended in a starched ruff.

They were thinking in unison:
"Lord, have mercy on me"
"Right is on my side"
"To go on living or else be in the way"
"In certain circumstances the owl is a baker's daughter"
"This will never end"
"This has already ended"
"What am I doing here, where there is nothing."

A difference in dress—yes, let's be sure of that.
The detail
is immutable.

Pietà

W miasteczku, gdzie urodził się bohater,
obejrzeć pomnik, pochwalić, że duży,
spłoszyć dwie kury z progu pustego muzeum,
dowiedzieć się, gdzie mieszka matka,
zapukać, pchnąć skrzypiące drzwi.
Trzyma się prosto, czesze gładko, patrzy jasno.
Powiedzieć, że się przyjechało z Polski.
Pozdrowić. Pytać głośno i wyraźnie.
Tak, bardzo go kochała. Tak, zawsze był taki.
Tak, stała wtedy pod murem więzienia.
Tak, słyszała tę salwę.
Żałować, że nie wzięło się magnetofonu
i aparatu filmowego. Tak, zna te przyrządy.
W radiu czytała jego list ostatni.
W telewizji śpiewała stare kołysanki.
Raz nawet przedstawiała w kinie, aż do łez
wpatrzona w jupitery. Tak, wzrusza ją pamięć.
Tak, trochę jest zmęczona. Tak, to przejdzie.
Wstać. Podziękować. Pożegnać się. Wyjść
mijając w sieni kolejnych turystów.

Pietà

In the small town where the hero was born:
seeing the monument, praising it for its size,
shooing two hens off the steps of the abandoned museum,
finding out where the mother lives,
knocking and pushing the creaking door open.
She holds herself erect, hair combed straight, eyes clear.
Saying I've come from Poland.
Exchanging pleasantries. Asking questions loud and clear.
Yes, she loved him very much. Yes, he was always like that.
Yes, she was standing by the prison wall then.
Yes, she heard the salvo.
Regretting not bringing a tape recorder
and movie camera. Yes, she knows what those things are.
On the radio she had read his last letter.
On the television she had sung old lullabies.
Once she had even acted in a film, staring into
the klieg lights till the tears came. Yes, she is moved by the
    memory.
Yes, she's a little tired. Yes, it will pass.
Getting up. Expressing thanks. Saying goodbye. Going out,
walking past the next batch of tourists.

Wietnam

Kobieto, jak się nazywasz?—Nie wiem.
Kiedy się urodziłaś, skąd pochodzisz?—Nie wiem.
Dlaczego wykopałaś sobie norę w ziemi?—Nie wiem.
Odkąd się tu ukrywasz?—Nie wiem.
Czemu ugryzłaś mnie w serdeczny palec?—Nie wiem.
Czy wiesz, że nie zrobimy ci nic złego?—Nie wiem.
Po czyjej jesteś stronie?—Nie wiem.
Teraz jest wojna, musisz wybrać.—Nie wiem.
Czy twoja wieś jeszcze istnieje?—Nie wiem.
Czy to są twoje dzieci?—Tak.

Vietnam

Woman, what's your name?—I don't know.
When were you born, where do you come from?—I don't know.
Why did you dig a hole in the ground?—I don't know.
How long have you been hiding here?—I don't know.
Why did you bite the hand of friendship?—I don't know.
Don't you know we will do you no harm?—I don't know.
Whose side are you on?—I don't know.
There's a war on, you must choose.—I don't know.
Does your village still exist?—I don't know.
Are these your children?—Yes.

Pisane w hotelu

Kioto ma szczęście,
szczęście i pałace,
skrzydlate dachy,
schodki w gamach.
Sędziwe, a zalotne,
kamienne, a żywe,
drewniane,
a tak jakby z nieba w ziemię rosło.
Kioto jest miastem pięknym
aż do łez.

Prawdziwych łez
pewnego pana,
znawcy zabytków, miłośnika,
który w rozstrzygającej chwili,
przy zielonym stole
zawołał,
że jest przecież tyle gorszych miast—
i rozpłakał się nagle
na swoim krzesełku.

Tak ocalało Kioto
od Hiroszimy stanowczo piękniejsze.
Ale to dawne dzieje.
Nie mogę wiecznie myśleć tylko o tym
ani pytać bez przerwy,
co będzie, co będzie.

Na co dzień wierzę w trwałość,
w perspektywy historii.
Nie potrafię gryźć jabłek
w nieustannej grozie.

Słyszę, że Prometeusz ten i ów
chodzi w kasku strażackim
i cieszy się z wnuczat.

Written in a Hotel

Kyoto has good luck,
luck and palaces,
winged roofs,
steps running up and down the scale.
Hoary yet coquettish,
made of stone yet living,
of wood,
yet seeming to grow from sky into earth.
Kyoto is a city beautiful
enough to bring the tears.

The real tears
of a certain gentleman,
a connoisseur and lover of antiquities
who at the decisive moment
behind the green-baize table
exclaimed
that after all there were so many inferior cities—
and suddenly burst into tears
in his chair.

Thus was saved Kyoto,
far more beautiful than Hiroshima.
But all that is ancient history.
I can't think forever of that,
or endlessly be asking
what will happen, what will happen.

For everyday purposes I believe in permanence,
in the prospects for history.
I can't go on munching apples
in constant terror.

This and that Prometheus, I hear,
walks around in a fireman's helmet
enjoying his grandchildren.

Pisząc te swoje wiersze
zastanawiam się,
co w nich, za ile lat
wyda się śmieszne.

Już tylko czasem
ogarnia mnie strach.
W podróży.
W obcym mieście.

Gdzie z cegły mur jak mur,
wieża stara, bo stara,
łupina tynku pod byle zbyć gzymsem,
pudła mieszkalne nowych dzielnic,
nic,
drzewko bezradne.

Co by tu robił
ten wrażliwy pan,
miłośnik, znawca.
Pożal się z gipsu boże.
Westchnij klasyku
fabrycznym popiersiem.

Już tylko czasem
w mieście, jakich wiele.
W pokoju hotelowym
z widokiem na rynnę
i z niemowlęcym krzykiem
kota pod gwiazdami.

W mieście, gdzie dużo ludzi,
więcej niż na dzbanach,
na filiżankach, spodkach, parawanach.

W mieście, o którym wiem
tę jedną rzecz,
że to nie Kioto,
nie Kioto na pewno.

Writing these lines of mine,
I wonder
what in them, after how many years,
will seem ridiculous.

It's only at times now
I'm gripped by fear.
While travelling.
In a strange city.

Where a wall is a plain old brick wall,
a tower is old, well, just old,
peeling stucco under a slapdash cornice,
dwelling-boxes in new districts,
nothing,
a helpless little tree.

That sensitive gentleman,
that lover of, that connoisseur,
what would he have done here?
Take pity, O god of plaster.
Sigh, O classic,
with your factory-made bust.

It's only at times now
in a city, like many others.
In a hotel room
with a view of a drainpipe
and the infant-yowling
of a cat under the stars.

In a city where there are many people,
more than on pitchers,
on cups, saucers, screens.

In a city of which I know
only one thing,
that it is not Kyoto,
not Kyoto for sure.

Film—lata sześćdziesiąte

Ten dorosły mężczyzna. Ten człowiek na ziemi.
Dziesięć miliardów komórek nerwowych.
Pięć litrów krwi na trzysta gramów serca.
Taki przedmiot powstawał trzy miliardy lat.

Z początku zjawił się w formie chłopczyka.
Chłopczyk kładł główkę na kolanach cioci.
Gdzie jest ten chłopczyk. Gdzie są te kolana.
Chłopczyk zrobił się duży. Ach to już nie to.
Te lustra są okrutne i gładkie jak jezdnia.
Wczoraj przejechał kota. Tak, to była myśl.
Kot został wyzwolony z piekła tej epoki.
Dziewczyna w samochodzie spojrzała spod rzęs.
Nie, nie miała tych kolan, o które mu chodzi.
Właściwie to by sobie dyszał leżąc w piasku.
On i świat nic nie mają ze sobą wspólnego.
Czuje się uchem urwanym od dzbana,
choć dzban nic o tym nie wie i wciąż nosi wodę.
To jest zdumiewające. Ktoś jeszcze się trudzi.
Ten dom jest zbudowany. Ta klamka rzeźbiona.
To drzewo zaszczepione. Ten cyrk będzie grał.
Ta całość chce się trzymać, chociaż jest z kawałków.
Jak klej ciężkie i gęste sunt lacrimae rerum.
Ale to wszystko w tle i tylko obok.
W nim jest ciemność okropna, a w ciemności chłopczyk.

Boże humoru, zrób z nim coś koniecznie.
Boże humoru, zrób z nim coś nareszcie.

A Film of the Sixties

That grown-up man. Living on this earth of ours.
Ten billion nerve cells.
Five liters of blood per three hundred grams of heart.
An object three million years in the making.

At first he appeared in the form of a little boy.
The boy would lay his head on his aunt's knees.
Where is that little boy? Where are those knees?
The little boy is now big. Oh, things aren't the same any more.
Those mirrors are cruel and smooth as a pavement.
Yesterday he ran over a cat. Yes, that was a good idea.
The cat was released from the inferno of the age.
A girl in a car threw him a flirty look.
No, those were not his type of knees.
He'd really rather lie around in the sand.
He and the world have nothing in common.
He feels like an ear broken off a pitcher,
though the pitcher is unaware and goes on carrying water.
This is astounding. Someone's still working away.
That house has been built. That door handle carved.
That tree planted. That circus will keep on performing.
That whole wants to hang together, although it's composed of
   fragments.
Heavy and thick as glue sunt lacrimae rerum.
But all that is only background, and only off to the side.
There's a dreadful darkness within him, in the darkness the
   little boy.

O god of humor, do something about him.
O god of humor, you've got to do something about him.

Relacja ze szpitala

Ciągnęliśmy zapałki, kto ma pójść do niego.
Wypadło na mnie. Wstałem od stolika.
Zbliżała się już pora odwiedzin w szpitalu.

Nie odpowiedział nic na powitanie.
Chciałem go wziąć za rękę—cofnął ją
jak głodny pies, co nie da kości.

Wyglądał, jakby się wstydził umierać.
Nie wiem, o czym się mówi takiemu jak on.
Mijaliśmy się wzrokiem jak w fotomontażu.

Nie prosił ani zostań, ani odejdź.
Nie pytał o nikogo z naszego stolika.
Ani o ciebie, Bolku. Ani o ciebie, Tolku. Ani o ciebie, Lolku.

Rozbolała mnie głowa. Kto komu umiera?
Chwaliłem medycynę i trzy fiołki w szklance.
Opowiadałem o słońcu i gasłem.

Jak dobrze, że są schody, którymi się zbiega.
Jak dobrze, że jest brama, którą, się otwiera.
Jak dobrze, że czekacie na mnie przy stoliku.

Szpitalna woń przyprawia mnie o mdłości.

Report from the Hospital

We drew lots, who would go and see him.
It was me. I got up from our table.
It was almost time for visiting hours.

He said nothing in reply to my greeting.
I tried to take his hand—he pulled it back
like a hungry dog who wouldn't give up a bone.

He seemed ashamed of dying.
I don't know what you say to someone like him.
As in a photomontage, our eyes would not meet.

He didn't ask me to stay or go.
He didn't ask about anyone at our table.
Not about you, Bolek. Not about you, Tolek. Not about you,
   Lolek.

My head began to ache. Who was dying for whom?
I praised medicine and the three violets in the glass.
I talked about the sun and thought dark thoughts.

How good there's a staircase to run down.
How good there's a gate to be opened.
How good you're all waiting for me at our table.

The smell of a hospital makes me sick.

Przylot

Tej wiosny znowu ptaki wróciły za wcześnie.
Ciesz się, rozumie, instynkt też się myli.
Zagapi się, przeoczy—i spadają w śnieg,
i giną licho, giną nie na miarę
budowy swojej krtani i arcypazurków,
rzetelnych chrząstek i sumiennych błon,
dorzecza serca, labiryntu jelit,
nawy żeber i kręgów w świetnej amfiladzie,
piór godnych pawilonu w muzeum wszechrzemiosł
i dzioba mniszej cierpliwości.

To nie jest lament, to tylko zgorszenie,
że anioł z prawdziwego białka,
latawiec o gruczołach z pieśni nad pieśniami,
pojedynczy w powietrzu, nieprzeliczony w ręce,
tkanka po tkance związany we wspólność
miejsca i czasu jak sztuka klasyczna
w brawach skrzydeł—
spada i kładzie się obok kamienia,
który w swój archaiczny i prostacki sposób
patrzy na życie jak na odrzucane próby.

The Birds Return

This spring the birds have again come back too early.
Rejoice, O reason, instinct can also err.
It dozes off, it overlooks—and down they fall into the snow,
and perish senselessly, perish with scarce justice to
the structure of their throats and arch-claws,
the solid cartilage and conscientious webbing,
the estuary of the heart, the labyrinth of innards,
the aisle of ribs and vertebrae in splendid enfilade,
the feathers worthy of a pavilion in a museum of all the crafts,
and the beak of monkish patience.

This is no dirge, it's only outrage
that an angel of real albumen,
a flighty fidget with glands from the Song of Songs,
singular in air, uncountable in hand,
tissue after tissue woven into a unity
of place and time like classical art
to the applause of wings—
falls and lies near a stone,
which in its archaic and boorish way
looks on all life as attempts repeatedly failed.

Tomasz Mann

Drogie syreny, tak musiało być,
kochane fauny, wielmożne anioły,
ewolucja stanowczo wyparła się was.
Nie brak jej wyobraźni, ale wy i wasze
płetwy z głębi dewonu, a piersi z aluwium,
wasze dłonie palczaste, a u nóg kopytka,
te ramiona nie zamiast, ale oprócz skrzydeł,
te wasze, strach pomyśleć, szkieletki-dwutworki
nie w porę ogoniaste, rogate z przekory
albo na gapę ptasie, te zlepki, te zrostki,
te składanki-cacanki, te dystychy
rymujące człowieka z czaplą tak kunsztownie,
że fruwa i nieśmiertelny jest, i wszystko wie
—przyznacie chyba same, że byłby to żart
i nadmiar wiekuisty, i kłopoty,
których przyroda mieć nie chce i nie ma.

Dobrze, że choć pozwala pewnej rybie latać
z wyzywającą wprawą. Każdy taki wzlot
to pociecha w regule, to ułaskawienie
z powszechnej konieczności, dar
hojniejszy niż potrzeba, żeby świat był światem.

Dobrze, że choć dopuszcza do scen tak zbytkownych,
jak dziobak mlekiem karmiący pisklęta.
Mogłaby się sprzeciwić—i któż by z nas odkrył,
że jest obrabowany?

A najlepsze to,
że przeoczyła moment, kiedy pojawił się ssak
z cudownie upierzoną watermanem ręką.

Thomas Mann

Dear mermaids, it had to be this way,
beloved fauns, venerable angels,
evolution has indeed disclaimed you.
Not that it lacks imagination, but you and your
flippers from Devonian depths and breasts of alluvium,
your hands with finger-like extensions, your tiny hooved feet,
those shoulders not instead of but besides wings,
those—perish the thought!—tiny twin-creatured skeletons of
    yours,
anachronistically tailed, perversely horned,
or in bird masquerade, those hasty cut-and-paste jobs,
those razzle-dazzle jigsaw puzzles, those distichs
that rhyme man with heron, and with such artifice
that he soars and is immortal and knows it all
—you yourselves will perhaps admit that it would be a joke
and excess for all time, and botheration
which nature does not want to have and doesn't.

It's fine that nature at least permits a certain fish to fly
with brazen expertise. Every such ascent
is a consolation to the rule, a reprieve
from universal necessity, a gift
more magnanimous than need be, for the world to be world.

It's fine that nature allows scenes so extravagant
as a duckbill feeding its chicks with milk.
It might have objected—and who of us would have discovered
he'd been deprived?

                And what's best,
it has overlooked the moment when a mammal appeared
his hand wondrously quilled with a fountain pen.

99

Tarsjusz

Ja tarsjusz syn tarsjusza,
wnuk tarsjusza i prawnuk,
zwierzątko małe, złożone z dwóch źrenic
i tylko bardzo już koniecznej reszty;
cudownie ocalony od dalszej przeróbki,
bo przysmak ze mnie żaden,
na kołnierz są więksi,
gruczoły moje nie przynoszą szczęścia,
koncerty odbywają się bez moich jelit;
ja tarsjusz
siedzę żywy na palcu człowieka.

Dzień dobry, wielki panie,
co mi za to dasz,
że mi niczego nie musisz odbierać?
Swoją wspaniałomyślność czym mi wynagrodzisz?
Jaką mi, bezcennemu, przyznasz cenę
za pozowanie do twoich uśmiechów?

Wielki pan dobry—
wielki pan łaskawy—
któż by mógł o tym świadczyć, gdyby brakło
zwierząt niewartych śmierci?
Wy sami może?
Ależ to, co już o sobie wiecie,
starczy na noc bezsenną od gwiazdy do gwiazdy.

I tylko my nieliczne, z futer nie odarte,
nie zdjęte z kości, nie strącone z piór,
uszanowane w kolcach, łuskach, rogach, kłach,
i co tam które jeszcze ma
z pomysłowego białka,
jesteśmy—wielki panie—twoim snem,
co uniewinnia cię na krótką chwilę.

Tarsier

I tarsier, son of tarsier,
grandson of tarsier and great-grandson,
a tiny little animal, composed of two pupils
and only the most indispensable rest;
miraculously saved from further processing,
no tasty morsel I,
for fur collars there are bigger,
my glands bring no joy,
concerts go on without my gut;
I tarsier
sit alive and well on the finger of a man.

Good morning, lord and master,
what will you give me
for not having to deprive me of anything?
For your magnanimity how will you reward me?
What value will you place on me, valuable and valueless,
for posing for your smiles?

Great lord and master—
great kind lord—
who could bear witness, had there been
no animals unworthy of death?
Perhaps you yourselves?
Why, what you already know of yourselves
is enough for a sleepless night from star to star.

And only those few of us unskinned of fur,
unstripped of bone, unplucked of feather,
respected in our quills, scales, horns, tusks
and whatever else some of us may have
of ingenious albumen,
we are—great lord and master—your dream,
which absolves you for a brief moment.

Ja tarsjusz, ojciec i dziadek tarsjusza,
zwierzątko małe, prawie że półczegoś,
co jednak jest całością od innych nie gorszą;
tak lekki, że gałązki wznoszą się pode mną
i mogłyby mnie dawno w niebo wziąć,
gdybym nie musiał raz po raz
spadać kamieniem z serc
ach, roztkliwionych;
ja tarsjusz
wiem, jak bardzo trzeba być tarsjuszem.

I tarsier, father and grandfather of tarsier,
a tiny little animal, almost half of something,
which still is a whole no worse than others;
so light that twigs ascend beneath me
and long since could have borne me into heaven,
if time and time again I had not had
to fall like a weight from hearts
alas, so tender;
I tarsier,
know how important it is to be tarsier.

Akrobata

Z trapezu na
na trapez, w ciszy po
po nagle zmilkłym werblu, przez
przez zaskoczone powietrze, szybszy niż
niż ciężar ciała, które znów
znów nie zdążyło spaść.

Sam. Albo jeszcze mniej niż sam,
mniej, bo ułomny, bo mu brak
brak skrzydeł, brak mu bardzo,
brak, który go zmusza
do wstydliwych przefrunięć na nie upierzonej
już tylko nagiej uwadze.

Mozolnie lekko,
z cierpliwą zwinnością,
w wyrachowanym natchnieniu. Czy widzisz,
jak on się czai do lotu, czy wiesz,
jak on spiskuje od głowy do stóp
przeciw takiemu, jakim jest; czy wiesz, czy widzisz
jak chytrze się przez dawny kształt przewleka i
żeby pochwycić w garść rozkołysany świat
nowo zrodzone z siebie wyciąga ramiona—

piękniejsze ponad wszystko w jednej tej
w tej jednej, która zresztą już minęła, chwili.

The Acrobat

From trapeze to
to trapeze, in the stillness after
after the suddenly hushed drumroll, through
through the astonished air, more quickly than
than the weight of the body, which again
again has failed to fall.

Alone. Or even less than alone,
less, because defective, for he lacks
lacks wings, lacks them very much,
a lack which forces him
to bashful soarings on unfeathered
by now just bare attention.

With laborious ease,
with patient agility,
in calculated inspiration. Do you see
how he crouches to spring into flight, do you know
how he plots from head to foot
against such as he; do you know, do you see
how shrewdly he threads himself through his former shape and
so as to grasp in hand the swaying world
how he pulls from himself the newborn arms—

beautiful above all else at just this
at just this—now it's gone—moment.

Sto pociech

Zachciało mu się szczęścia,
zachciało mu się prawdy,
zachciało mu się wieczności,
patrzcie go!

Ledwie rozróżnił sen od jawy,
ledwie domyślił się, że on to on,
ledwie wystrugał ręką z płetwy rodem
krzesiwo i rakietę,
łatwy do utopienia w łyżce oceanu,
za mało nawet śmieszny, żeby pustkę śmieszyć,
oczami tylko widzi,
uszami tylko słyszy,
rekordem jego mowy jest tryb warunkowy,
rozumem gani rozum,
słowem: prawie nikt,
ale wolność mu w głowie, wszechwiedza i byt
poza niemądrym mięsem,
patrzcie go!

Bo przecież chyba jest,
naprawdę się wydarzył
pod jedną z gwiazd prowincjonalnych.
Na swój sposób żywotny i wcale ruchliwy.
Jak na marnego wyrodka kryształu—
dość poważnie zdziwiony.
Jak na trudne dzieciństwo w koniecznościach stada—
nieźle już poszczególny.
Patrzcie go!

A Million Laughs, A Bright Hope

So he wants happiness,
so he wants truth,
so he wants eternity,
just where does he get off!

Barely has he distinguished dreams from reality,
barely figured out that he is he,
barely fashioned, with hand once flipper,
a flint and a rocket,
easy to drown in a teaspoon of ocean,
not even laughable enough to give the void a laugh,
with his eyes he merely sees,
with his ears he merely hears,
his formulations never lack hesitations,
he pits argument against argument,
in a word: he's almost nobody,
but his head's filled with freedom, omniscience, transcendence
beyond his foolish flesh,
just where does he get off!

Because it seems he does exist,
and really came to be
under one of the provincial stars.
In his own way he's vital, quite dynamic.
Considering he's a crystal's sorry spawn—
he's rather solemnly astonished.
Considering his hard childhood in the herd,
he's now fairly well differentiated.
Just where does he get off!

Tylko tak dalej, dalej choć przez chwilę,
bodaj przez mgnienie galaktyki małej!
Niechby się wreszcie z grubsza okazało,
czym będzie, skoro jest.
A jest—zawzięty.
Zawzięty, trzeba przyznać, bardzo.
Z tym kółkiem w nosie, w tej todze, w tym swetrze.
Sto pociech, bądź co bądź.
Niebożę.
Istny człowiek.

Keep up the good work, if only for a while,
if only for the twinkling of a tiny galaxy.
Let us finally have some rough idea
of what he will be, now that he is.
And he is—persistent.
Very, it cannot be denied, persistent.
With that ring in his nose, that toga, that sweater.
A million laughs, a bright hope, whatever you may say,
God's poor little creature.
A veritable man.

Wszelki wypadek

Zdarzyć się mogło.
Zdarzyć się musiało.
Zdarzyło się wcześniej. Później.
Bliżej. Dalej.
Zdarzyło się nie tobie.

Ocalałeś, bo byłeś pierwszy.
Ocalałeś, bo byłeś ostatni.
Bo sam. Bo ludzie.
Bo w lewo. Bo w prawo.
Bo padał deszcz. Bo padał cień.
Bo panowała słoneczna pogoda.

Na szczęście był tam las.
Na szczęście nie było drzew.
Na szczęście szyna, hak, belka, hamulec,
framuga, zakręt, milimetr, sekunda.
Na szczęście brzytwa pływała po wodzie.

Wskutek, ponieważ, a jednak, pomimo.
Co by to było, gdyby ręka, noga,
o krok, o włos
od zbiegu okoliczności.

Więc jesteś? Prosto z uchylonej jeszcze chwili?
Sieć była jednooka, a ty przez to oko?
Nie umiem się nadziwić, namilczeć się temu.
Posłuchaj,
jak mi prędko bije twoje serce.

There But for the Grace

It could have happened.
It had to happen.
It happened sooner. Later.
Nearer. Farther.
It happened not to you.

You survived because you were the first.
You survived because you were the last.
Because you were alone. Because of people.
Because you turned left. Because you turned right.
Because rain fell. Because a shadow fell.
Because sunny weather prevailed.

Luckily there was a wood.
Luckily there were no trees.
Luckily there was a rail, a hook, a beam, a brake,
a frame, a bend, a millimeter, a second.
Luckily a straw was floating on the surface.

Thanks to, because, and yet, in spite of.
What would have happened had not a hand, a foot,
by a step, a hairsbreadth
by sheer coincidence.

So you're here? Straight from a moment still ajar?
The net had one eyehole, and you got through it?
There's no end to my wonder, my silence.
Listen
how fast your heart beats in me.

Wrażenia z teatru

Najważniejszy w tragedii jest dla mnie akt szósty:
zmartwychwstawanie z pobojowisk sceny,
poprawianie peruk, szatek,
wyrywanie noża z piersi,
zdejmowanie pętli z szyi,
ustawianie się w rzędzie pomiędzy żywymi
twarzą do publiczności.

Ukłony pojedyncze i zbiorowe:
biała dłoń na ranie serca,
dyganie samobójczyni,
kiwanie ściętej głowy.

Ukłony parzyste:
wściekłość podaje ramię łagodności,
ofiara patrzy błogo w oczy kata,
buntownik bez urazy stąpa przy boku tyrana.

Deptanie wieczności noskiem złotego trzewiczka.
Rozpędzanie morałów rondem kapelusza.
Niepoprawna gotowość rozpoczęcia od jutra na nowo.

Wejście gęsiego zmarłych dużo wcześniej,
bo w akcie trzecim, czwartym oraz pomiędzy aktami.
Cudowny powrót zaginionych bez wieści.
Myśl, że za kulisami czekali cierpliwie,
nie zdejmując kostiumu,
nie zmywając szminki,
wzrusza mnie bardziej niż tyrady tragedii.

Ale naprawdę podniosłe jest opadanie kurtyny
i to, co widać jeszcze w niskiej szparze:
tu oto jedna ręka po kwiat spiesznie sięga,
tam druga chwyta upuszczony miecz.
Dopiero wtedy trzecia, niewidzialna,
spełnia swoją powinność:
ściska mnie za gardło.

Theater Impressions

For me a tragedy's most important act is the sixth:
the resurrecting from the stage's battlegrounds,
the adjusting of wigs, of robes,
the wrenching of knife from breast,
the removing of noose from neck,
the lining up among the living
to face the audience.

Bows solo and ensemble:
the white hand on the heart's wound,
the curtsey of the lady suicide,
the nodding of the lopped-off head.

Bows in pairs:
fury extends an arm to meekness,
the victim looks blissfully into the hangman's eyes,
the rebel bears no grudge as he walks beside the tyrant.

The trampling of eternity with the tip of a golden slipper.
The sweeping of morals away with the brim of a hat.
The incorrigible readiness to start afresh tomorrow.

The entry in single file of those who died much earlier,
in the third, the fourth, or between the acts.
The miraculous return of those lost without trace.
The thought that they've been waiting patiently backstage,
not taking off costumes,
not washing off makeup,
moves me more than the tragedy's tirades.

But truly elevating is the lowering of the curtain,
and that which can still be glimpsed beneath it:
here one hand hastily reaches for a flower,
there a second snatches up a dropped sword.
Only then does a third, invisible,
perform its duty:
it clutches at my throat.

Głosy

Ledwie ruszysz nogą, zaraz jak spod ziemi
Aboryginowie, Marku Emiliuszu.

W sam środek Rutulów już ci grzęźnie pięta.
W Sabinów, Latynów wpadasz po kolana.
Już po pas, po szyję, już po dziurki w nosie
Ekwów masz i Wolsków, Lucjuszu Fabiuszu.

Do uprzykrzenia pełno tych małych narodów,
do przesytu i mdłości, Kwintusie Decjuszu.

Jedno miasto, drugie, sto siedemdziesiąte.
Upór Fidenatów. Zła wola Felisków.
Ślepota Ecetran. Chwiejność Antemnatów.
Obraźliwa niechęć Labikan, Pelignów.
Oto co nas, łagodnych, zmusza do surowości
za każdym nowym wzgórzem, Gajuszu Kleliuszu.

Gdybyż nie zawadzali, ale zawadzają
Aurunkowie, Marsowie, Spuriuszu Manliuszu.

Tarkwiniowie stąd zowąd, Etruskowie zewsząd.
Wolsyńczycy ponadto. Na domiar Wejenci.
Ponad sens Aulerkowie. Item Sappianaci
ponad ludzką cierpliwość, Sekstusie Oppiuszu.

Narody małe rozumieją mało.
Otacza nas tępota coraz szerszym kręgiem.
Naganne obyczaje. Zacofane prawa.
Nieskuteczni bogowie, Tytusie Wiliuszu.

Kopce Herników. Roje Murrycynów.
Owadzia mnogość Westynów, Samnitów.
Im dalej, tym ich więcej, Serwiuszu Folliuszu.

Voices

You scarcely move your foot when out of nowhere spring
the Aborigines, O Marcus Aemilius.

Your heel's mired in the very midst of Rutulians.
In Sabines and Latins you're sinking up to your knees.
You're up to your waist, your neck, your nostrils
in Aequians and Volscians, O Lucius Fabius.

These small peoples are thick as flies, to the point of irritation,
satiation and nausea, O Quintus Decius.

One town, another, the hundred seventieth.
The stubbornness of the Fidenates. The ill-will of the Faliscans.
The blindness of the Ecetrans. The vacillation of the
    Antemnates.
The studied animosity of the Lavicanians, the Pelignians.
That's what drives us benevolent men to harshness
beyond each new hill, O Gaius Cloelius.

If only they weren't in our way, but they are,
the Auruncians, the Marsians, O Spurius Manlius.

The Tarquinians from here and there, the Etruscans from
    everywhere.
The Volsinians besides. The Veientians to boot.
Beyond all reason the Aulercians. Ditto the Sapinians
beyond all human patience, O Sextus Oppius.

Small peoples have small understanding.
Stupidity surrounds us in an ever-widening circle.
Objectionable customs. Benighted laws.
Ineffectual gods, O Titus Vilius.

Mounds of Hernicians. Swarms of Marrucinians.
An insect-like multitude of Vestians, of Samnites.
The farther you go the more there are, O Servius Follius.

Godne ubolewania są małe narody.
Ich lekkomyślność wymaga nadzoru
za każdą nową rzeką, Aulusie Juniuszu.

Czuję się zagrożony wszelkim horyzontem.
Tak bym ujął tę kwestię, Hostiuszu Meliuszu.

Na to ja, Hostiusz Meliusz, Appiuszu Papiuszu,
powiadam tobie: Naprzód. Gdzieś wreszcie jest koniec świata.

Deplorable are small peoples.
Their irresponsibility bears close watching
beyond each new river, O Aulus Junius.

I feel threatened by every new horizon.
That's how I see the problem, O Hostius Melius.

To that I, Hostius Melius, reply to you,
O Appius Pappius: Forward. Somewhere out there the world
   must have an end.

Listy umarłych

Czytamy listy umarłych jak bezradni bogowie,
ale jednak bogowie, bo znamy późniejsze daty.
Wiemy, które pieniądze nie zostały oddane.
Za kogo prędko za mąż powychodziły wdowy.
Biedni umarli, zaślepieni umarli,
oszukiwani, omylni, niezgrabnie zapobiegliwi.
Widzimy miny i znaki robione za ich plecami.
Łowimy uchem szelest dartych testamentów.
Siedzą przed nami śmieszni jak na bułkach z masłem
albo rzucają się w pogoń za zwianymi z głów kapeluszami.
Ich zły gust, Napoleon, para i elektryczność,
ich zabójcze kuracje na uleczalne choroby,
niemądra apokalipsa według świętego Jana,
fałszywy raj na ziemi według Jana Jakuba . . .
Obserwujemy w milczeniu ich pionki na szachownicy,
tyle że przesunięte o trzy pola dalej.
Wszystko, co przewidzieli, wypadło zupełnie inaczej,
albo trochę inaczej, czyli także zupełnie inaczej.
Najgorliwsi wpatrują się nam ufnie w oczy,
bo wyszło im z rachunku, że ujrzą w nich doskonałość.

120

Letters of the Dead

We read the letters of the dead like helpless gods,
yet gods for all that, since we know the dates to come.
We know which debts were not paid back.
Which men the widows were quick to marry.
Poor dead, the dead of narrow vision,
deceived, fallible, ineptly provident.
We see the faces, gestures made behind their backs.
Our ears pick up the ripping of last wills.
They sit before us comical as if on buttered rolls,
or dash to capture hats blown off their heads.
Their bad taste, Napoleon, steam and electricity,
their lethal cures for curable diseases,
the foolish apocalypse according to Saint John,
the delusive earthly paradise according to Jean-Jacques . . .
We silently observe their pawns on the chessboard,
except they're now moved three squares further.
Everything they foresaw came out quite different,
or somewhat different, which also means quite different.
The most eager of them gaze with trust into our eyes,
they've figured out they'll find perfection there.

Prospekt

Jestem pastylka na uspokojenie.
Działam w mieszkaniu,
skutkuję w urzędzie,
siadam do egzaminów,
staję na rozprawie,
starannie sklejam rozbite garnuszki—
tylko mnie zażyj,
rozpuść pod językiem,
tylko mnie połknij,
tylko popij wodą.

Wiem, co robić z nieszczęściem,
jak znieść złą nowinę,
zmniejszyć niesprawiedliwość,
rozjaśnić brak Boga,
dobrać do twarzy kapelusz żałobny.
Na co czekasz—
zaufaj chemicznej litości.

Jesteś jeszcze młody (młoda),
powinieneś (powinnaś) urządzić się jakoś.
Kto powiedział,
że życie ma być odważnie przeżyte?

Oddaj mi swoją przepaść—
wymoszczę ją snem,
będziesz mi wdzięczny (wdzięczną)
za cztery łapy spadania.

Sprzedaj mi swoją duszę.
Inny się kupiec nie trafi.

Innego diabła już nie ma.

Advertisement

I am a tranquilizer.
I am effective at home,
I work well at the office,
I take exams,
I appear in court,
I carefully mend broken crockery—
all you need do is take me,
dissolve me under the tongue,
all you need do is swallow me,
just wash me down with water.

I know how to cope with misfortune,
how to endure bad news,
take the edge off injustice,
make up for the absence of God,
help pick out your widow's weeds.
What are you waiting for—
have faith in chemistry's compassion.

You're still a young man/woman,
you really should settle down somehow.
Who said
life must be lived courageously?

Hand your abyss over to me—
I will line it with soft sleep,
you'll be grateful for
the four-footed landing.

Sell me your soul.
There's no other buyer likely to turn up.

There's no other devil left.

Spacer wskrzeszonego

Pan profesor już umarł trzy razy.
Po pierwszej śmierci kazano mu poruszać głową.
Po drugiej śmierci kazano mu siadać.
Po trzeciej—postawiono go nawet na nogi,
podparto grubą zdrową nianią:
Pójdziemy sobie teraz na mały spacerek.

Głęboko uszkodzony po wypadku mózg
i proszę, aż dziw bierze, ile pokonał trudności:
Lewa prawa, jasno ciemno, drzewo trawa, boli jeść.

Dwa plus dwa, profesorze?
Dwa—mówi profesor.
Jest to odpowiedź lepsza od poprzednich.

Boli, trawa, siedzieć, ławka.
A na końcu alei znowu ta stara jak świat,
niejowialna, nierumiana,
trzy razy stąd przepędzana,
podobno niania prawdziwa.

Pan profesor chce do niej.
Znów się nam wyrywa.

The Professor Walks Again

The professor has already died three times.
After the first death he was told to move his head.
After the second death he was told to sit up.
After the third he was even stood on his feet,
propped up by a stout and robust nanny:
let's go for a nice little walk now.

The brain has been badly damaged in an accident,
look, it's just a miracle the problems he's overcome:
Left right, light dark, tree grass, hurts eat.

Two plus two, professor?
Two, says the professor.
This time the answer's better than before.

Hurts, grass, sit, bench.
And at the end of the path, once again, old as time,
cheerless, pallid,
thrice banished,
the nanny they say is the real one.

The professor is just dying to be with her.
Once again he pulls away from us.

Powroty

Wrócił. Nic nie powiedział.
Było jednak jasne, że spotkała go przykrość.
Położyl się w ubraniu.
Schował głowę pod kocem.
Podkurczył kolana.
Ma około czterdziestki, ale nie w tej chwili.
Jest—ale tylko tyle, ile w brzuchu matki
za siedmioma skórami, w obronnej ciemności.
Jutro wygłosi odczyt o homeostazie
w kosmonautyce metagalaktycznej.
Na razie zwinął się, zasnął.

Returns

He came home. Said nothing.
Though it was clear something unpleasant had happened.
He lay down in his suit.
Put his head under the blanket.
Drew up his knees.
He's about forty, but not at this moment.
He exists—but only as in his mother's belly
seven layers deep, in protective darkness.
Tomorrow he will give a lecture on homeostasis
in megagalactic cosmonautics.
For now he's curled up, fallen asleep.

Odkrycie

Wierzę w wielkie odkrycie.
Wierzę w człowieka, który dokona odkrycia.
Wierzę w przestrach człowieka, który dokona odkrycia.

Wierzę w bladość jego twarzy,
w mdłości, w zimny pot na wardze.

Wierzę w spalenie notatek,
w spalenie ich na popiół,
w spalenie co do jednej.

Wierzę w rozsypanie liczb,
w rozsypanie ich bez żalu.

Wierzę w pośpiech człowieka,
w dokładność jego ruchów,
w nieprzymuszoną wolę.

Wierzę w stłuczenie tablic,
w wylanie płynów,
w zgaszenie promienia.

Twierdzę, że to się uda
i że nie będzie za późno,
i rzecz rozegra się w nieobecności świadków.

Nikt się nie dowie, jestem tego pewna,
ani żona, ani ściana,
nawet ptak, bo nuż wyśpiewa.

Wierzę w nieprzyłożoną rękę,
wierzę w złamaną karierę,
wierzę w zaprzepaszczoną pracę wielu lat.
Wierzę w sekret zabrany do grobu.

Szybują mi te słowa ponad regułami.
Nie szukają oparcia w jakichkolwiek przykładach.
Moja wiara jest silna, ślepa i bez podstaw.

Discovery

I believe in the great discovery.
I believe in the man who will make the discovery.
I believe in the terror of the man who will make the discovery.

I believe in the pallor of his face,
the nausea, the cold sweat on his lip.

I believe in the burning of the notes,
the burning of them to ashes,
the burning of every last one.

I believe in the scattering of the numbers,
the scattering of them with no regret.

I believe in the quickness of the man,
the precision of his movements,
his uncoerced free will.

I believe in the smashing of the tablets,
the pouring out of the liquids,
the extinguishing of the ray.

I assert that all will work out,
and that it will not be too late,
and that things will unfold in the absence of witnesses.

No one will find out, of that I am sure,
neither wife nor wall,
nor even bird, for it may well sing.

I believe in the stayed hand,
I believe in the ruined career,
I believe in the wasted labor of many years.
I believe in the secret taken to the grave.

For me these words soar above all rules.
They seek no support in examples of any kind.
My faith is strong, blind, and without foundation.

Szkielet jaszczura

Kochani Bracia,
widzimy tutaj przykład złych proporcji:
oto szkielet jaszczura piętrzy się przed nami—

Drodzy Przyjaciele,
na lewo ogon w jedną nieskończoność,
na prawo szyja w drugą—

Szanowni Towarzysze,
pośrodku cztery łapy, co ugrzęzły w mule
pod pagórem tułowia—

Łaskawi Obywatele,
przyroda się nie myli, ale lubi żarty:
proszę zwrócić uwagę na tę śmieszną główkę—

Panie, Panowie,
taka główka niczego nie mogła przewidzieć
i dlatego jest główką wymarłego gada—

Czcigodni Zgromadzeni,
za mało mózgu, za duży apetyt,
więcej głupiego snu niż mądrej trwogi—

Dostojni Goście,
pod tym względem jesteśmy w dużo lepszej formie,
życie jest piękne i ziemia jest nasza—

Wyborni Delegaci,
niebo gwiaździste nad myślącą trzciną,
prawo moralne w niej—

Prześwietna Komisjo,
udało się raz
i może tylko pod tym jednym słońcem—

The Skeleton of a Dinosaur

Beloved Brethren,
we see here an instance of bad proportions:
before us looms the skeleton of a dinosaur—

Dear Friends,
to the left, the tail into one eternity,
to the right, the neck into the other—

Respected Comrades,
in the middle, four legs that stuck in the slime
under the mountainous body—

Kind Citizens,
nature does not err, but it does have a sense of humor:
please take note of this funny little head—

Ladies and Gentlemen,
a little head such as this could have foreseen nothing
and that's why it's the head of an extinct reptile—

Venerable Visitors,
too small a brain, too big an appetite,
more of foolish sleep than wise anxiety—

Worthy Guests,
in this respect we're in much better form,
life is beautiful and ours is the earth—

Estimable Delegates,
the starry heavens above the thinking reed,
the moral law within it—

Honorable Commission,
success was achieved only once,
and maybe just under this one sun—

Naczelna Rado,
jakie zręczne ręce,
jakie wymowne usta,
ile głowy na karku—

Najwyższa Instancjo,
cóż za odpowiedzialność na miejsce ogona—

Przemówienie w biurze znalezionych rzeczy

Straciłam kilka bogiń w drodze z południa na północ,
a także wielu bogów w drodze ze wschodu na zachód.
Zgasło mi raz na zawsze parę gwiazd, rozstąp się niebo.
Zapadła mi się w morze wyspa jedna, druga.
Nie wiem nawet dokładnie, gdzie zostawiłam pazury,
kto chodzi w moim futrze, kto mieszka w mojej skorupie.
Pomarło mi rodzeństwo, kiedy wypełzłam na ląd
i tylko któraś kostka świętuje we mnie rocznicę.
Wyskakiwałam ze skóry, trwoniłam kręgi i nogi,
odchodziłam od zmysłów bardzo dużo razy.
Dawno przymknęłam na to wszystko trzecie oko,
machnęłam na to płetwą, wzruszyłam gałęziami.

Podziało się, przepadło, na cztery wiatry rozwiało.
Sama się sobie dziwię, jak mało ze mnie zostało:
pojedyncza osoba w ludzkim chwilowo rodzaju,
która tylko parasol zgubiła wczoraj w tramwaju.

Members of the Board,
how dexterous the hands,
how eloquent the lips,
what a good head on the shoulders—

Highest of Judges,
what a responsibility in place of a tail—

A Speech in the Lost-and-Found Office

I lost a few goddesses on my way from south to north,
as well as many gods on my way from east to west.
A couple of stars went out for good, open up, O sky.
One island, another was lost to me in the sea.
I don't even know for sure where I left my claws,
who walks around in my fur, who inhabits my shell.
My kith and kin died off when I crawled out onto land,
and only some small bone within me celebrates the anniversary.
I've jumped out of my skin, squandered vertebrae and legs,
taken leave of my senses many and many a time.
I've long since winked my third eye at all that,
snapped my flippers at it, shrugged my branches.

It's lost, it's gone, it's scattered to all four winds.
I myself am amazed at myself, how little of me remains:
an individual being, for the moment of human kind,
who yesterday merely lost an umbrella in a streetcar.

Zdumienie

Czemu w zanadto jednej osobie?
Tej a nie innej? I co tu robię?
W dzień co jest wtorkiem? W domu nie gnieździe?
W skórze nie łusce? Z twarzą nie liściem?
Dlaczego tylko raz osobiście?
Właśnie na ziemi? Przy małej gwieździe?
Po tylu erach nieobecności?
Za wszystkie czasy i wszystkie glony?
Za jamochłony i nieboskłony?
Akurat teraz? Do krwi i kości?
Sama u siebie z sobą? Czemu
nie obok ani sto mil stąd,
nie wczoraj ani sto lat temu
siedzę i patrzę w ciemny kąt
—tak jak z wzniesionym nagle łbem
patrzy warczące zwane psem?

Wonderment

Why to excess then in one single person?
This one not that? And why am I here?
On a day that's a Tuesday? In a house not a nest?
In skin not in scales? With a face not a leaf?
Why only once in my very own person?
Precisely on earth? Under this little star?
After so many eras of not being here?
For all times and tides, for all vegetations?
For all the crustaceans, for all constellations?
Just at this moment? Right down to the marrow?
Alone at my place with myself? And wherefore
not right next door or a hundred miles hence,
not yesterday or a hundred years earlier
do I sit now and stare into this dark corner
—just as with a forehead that's suddenly raised
stares the growling that's called a dog?

Autotomia

W niebezpieczeństwie strzykwa dzieli się na dwoje:
jedną siebie oddaje na pożarcie światu,
drugą sobą ucieka.

Rozpada się gwałtownie na zgubę i ratunek,
na grzywnę i nagrodę, na co było i będzie.

W połowie ciała strzykwy roztwiera się przepaść
o dwóch natychmiast obcych sobie brzegach.

Na jednym brzegu śmierć, na drugim życie.
Tu rozpacz, tam otucha.

Jeśli istnieje waga, szale się nie chwieją.
Jeśli jest sprawiedliwość, oto ona.

Umrzeć ile konieczne, nie przebrawszy miary.
Odrosnąć ile trzeba z ocalonej reszty.

Potrafimy się dzielić, och prawda, my także.
Ale tylko na ciało i urwany szept.
Na ciało i poezję.

Po jednej stronie gardło, śmiech po drugiej,
lekki, szybko milknący.

Tu ciężkie serce, tam non omnis moriar,
trzy tylko słówka jak trzy piórka wzlotu.

Przepaść nas nie przecina.
Przepaść nas otacza.

Pamięci Haliny Poświatowskiej

136

Autotomy

When in danger the sea-cucumber divides itself in two:
one self it surrenders for devouring by the world,
with the second it makes good its escape.

It splits violently into perdition and salvation,
into fine and reward, into what was and what will be.

In the middle of its body there opens up a chasm
with two shores that are immediately alien.

On one shore death, on the other life.
Here despair, there hope.

If a scale exists, the balance does not tip.
If there is justice, here it is.

To die as much as necessary, without going too far.
To grow back as much as needed, from the remnant that survives.

We know how to divide ourselves, how true, we too.
But only into a body and an interrupted whisper.
Into body and poetry.

On one side the throat, laughter on the other,
that's light and quickly dying.

Here a heavy heart, there non omnis moriar,
just three little words like three feathers in ascent.

The chasm does not cut us in two.
The chasm surrounds us.

In memory of Halina Poświatowska

Pewność

—Więc jesteś pewien, że nasz okręt przybił
do pustyń czeskich?—Jestem pewien, panie.
To jest z Szekspira, który, jestem pewna,
nie był kim innym. Kilka faktów, data,
portret omal za życia . . . Twierdzić, że to mało?
Czekać na dowód, który Wielkie już Morze porwało
i rzuciło na czeskie brzegi tego świata?

Certainty

"Thou art certain, then, our ship hath touch'd upon
the deserts of Bohemia?" "Aye, my lord, I'm certain."
This is from Shakespeare who, I'm certain,
was none other. A few facts, some data,
a portrait almost from his lifetime . . . To claim this is too little?
To wait for proof, which the Great Sea's already snatched
and cast ashore on the Bohemias of this world?

Klasyk

Kilka grud ziemi, a będzie zapomniane życie.
Muzyka wyswobodzi się z okoliczności.
Ucichnie kaszel mistrza nad menuetami.
I oderwane będą kataplazmy.
Ogień strawi perukę pełną kurzu i wszy.
Znikną plamy inkaustu z koronkowego mankietu.
Pójdą na śmietnik trzewiki, niewygodni świadkowie.
Skrzypce zabierze sobie uczeń najmniej zdolny.
Powyjmowane będą z nut rachunki od rzeźnika.
Do mysich brzuchów trafią listy biednej matki.
Unicestwiona zgaśnie niefortunna miłość.
Oczy przestaną łzawić.
Różowa wstążka przyda się córce sąsiadów.
Czasy, chwalić Boga, nie są jeszcze romantyczne.
Wszystko, co nie jest kwartetem,
będzie jako piąte odrzucone.
Wszystko, co nie jest kwintetem,
będzie jako szóste zdmuchnięte.
Wszystko, co nie jest chórem czterdziestu aniołów,
zmilknie jako psi skowyt i czkawka żandarma.
Zabrany będzie z okna wazon z aloesem,
talerz z trutką na muchy i słoik z pomadą
i odsłoni się widok—ależ tak!—na ogród,
ogród, którego nigdy tu nie było.
No i teraz słuchajcie, słuchajcie, śmiertelni,
w zdumieniu pilnie nadstawiajcie ucha,
o pilni, o zdumieni, o zasłuchani śmiertelni,
słuchajcie—słuchający—zamienieni w słuch—

A Classic

A few clumps of earth and his life will be forgotten.
The music will be freed from circumstance.
Stilled will be the master's cough over the minuets.
And the poultices torn off.
Fire will consume the wig full of dust and lice.
The ink spots will fade from the lace cuff.
Off to the trash-heap will go the boots, those embarrassing
    witnesses.
The pupil least gifted will take the violin.
The butcher's bills will be removed from the music-sheets.
The poor mother's letters will end up in the bellies of mice.
Extinguished the star-crossed love will die.
Eyes will no longer fill with tears.
The pink ribbon will come in handy to the neighbor's daughter.
The times, may God be praised, have not yet turned romantic.
All that is not a quartet
will be rejected as a fifth.
All that is not a quintet
will be blown away as a sixth.
All that is not a chorus of forty angels
will be silenced as dog's howling and gendarme's belch.
Taken from the window will be the aloe-pot,
the plate with flybane and the pomade-jar,
and revealed will be a view—oh yes!—of a garden,
a garden that was never here.
And now hear, hear ye mortals,
lend your avid ears, in astonishment,
ye avid, ye astonished, ye all-eared mortals
hear—ye hearers—now become but hearing—

Pochwała snów

We śnie
maluję jak Vermeer van Delft.

Rozmawiam biegle po grecku
i nie tylko z żywymi.

Prowadzę samochód,
który jest mi posłuszny.

Jestem zdolna,
piszę wielkie poematy.

Słyszę głosy
nie gorzej niż poważni święci.

Bylibyście zdumieni
świetnością mojej gry na fortepianie.

Fruwam, jak się powinno,
czyli sama z siebie.

Spadając z dachu
umiem spaść miękko w zielone.

Nie jest mi trudno
oddychać pod wodą.

Nie narzekam:
udało mi się odkryć Atlantydę.

Cieszy mnie, że przed śmiercią
zawsze potrafię się zbudzić.

Natychmiast po wybuchu wojny
odwracam się na lepszy bok.

Jestem, ale nie muszę
być dzieckiem epoki.

Kilka lat temu
widziałam dwa słońca.

A przedwczoraj pingwina.
Najzupełniej wyraźnie.

In Praise of Dreams

In my dreams
I paint like Vermeer van Delft.

I speak fluent Greek
and not only with the living.

I drive a car
which obeys me.

I am talented,
I write long, great poems.

I hear voices
no less than the major saints.

You would be amazed
at my virtuosity on the piano.

I float through the air as is proper,
that is, all by myself.

Falling from the roof
I can softly land on green grass.

I don't find it hard
to breathe under water.

I can't complain:
I've succeeded in discovering Atlantis.

I'm delighted that just before dying
I always manage to wake.

Right after the outbreak of war
I turn over on my favorite side.

I am but I need not
be a child of my time.

A few years ago
I saw two suns.

And the day before yesterday a penguin.
With the utmost clarity.

Miłość szczęśliwa

Miłość szczęśliwa. Czy to jest normalne,
czy to poważne, czy to pożyteczne—
co świat ma z dwojga ludzi,
którzy nie widzą świata?

Wywyższeni ku sobie bez żadnej zasługi,
pierwsi lepsi z miliona, ale przekonani,
że tak stać się musiało—w nagrodę za co? za nic;
światło pada znikąd—
dlaczego właśnie na tych, a nie innych?
Czy to obraża sprawiedliwość? Tak.
Czy narusza troskliwie piętrzone zasady,
strąca ze szczytu morał? Narusza i strąca.

Spójrzcie na tych szczęśliwych:
gdyby się chociaż maskowali trochę,
udawali zgnębienie krzepiąc tym przyjaciół!
Słuchajcie, jak się śmieją—obraźliwie.
Jakim językiem mówią—zrozumiałym na pozór.
A te ich ceremonie, ceregiele,
wymyślne obowiązki względem siebie—
wygląda to na zmowę za plecami ludzkości!

Trudno nawet przewidzieć, do czego by doszło,
gdyby ich przykład dał się naśladować.
Na co liczyć by mogły religie, poezje,
o czym by pamiętano, czego zaniechano,
kto by chciał zostać w kręgu.

Miłość szczęśliwa. Czy to jest konieczne?
Takt i rozsądek każą milczeć o niej
jak o skandalu z wysokich sfer Życia.
Wspaniałe dziatki rodzą się bez jej pomocy.
Przenigdy nie zdołałaby zaludnić ziemi,
zdarza się przecież rzadko.

Niech ludzie nie znający miłości szczęśliwej
twierdzą, że nigdzie nie ma miłości szczęśliwej.

Z tą wiarą lżej im będzie i żyć, i umierać.

A Happy Love

A happy love. Is it normal,
is it serious, is it profitable—
what use to the world are two people
who have no eyes for the world?

Elevated each for each, for no apparent merit,
by sheer chance singled out of a million, yet convinced
it had to be so—as reward for what? for nothing;
the light shines from nowhere—
why just on them, and not on others?
Is this an offense to justice? Yes.
Does it violate time-honored principles, does it cast
any moral down from the heights? It violates and casts down.

Look at the happy couple:
if they'd at least dissemble a bit,
feign depression and thereby cheer their friends!
Hear how they laugh—offensively.
And the language they speak—it only seems to make sense.
And all those ceremonials, ceremonies,
those elaborate obligations toward each other—
it all looks like a plot behind mankind's back!

It's even hard to foresee how far things might go,
if their example could be followed.
What could religions and poetries rely on,
what would be remembered, what abandoned,
who would want to keep within the bounds.

A happy love. Is it necessary?
Tact and common sense advise us to say no more of it
than of a scandal in Life's upper ranks.
Little cherubs get born without its help.
Never, ever could it populate the earth,
for it happens so seldom.

Let people who know naught of happy love
assert that nowhere is there a happy love.

With such faith, they would find it easier to live and to die.

Pod jedną gwiazdką

Przepraszam przypadek, że nazywam go koniecznością.
Przepraszam konieczność, jeśli jednak się mylę.
Niech się nie gniewa szczęście, że biorę je jak swoje.
Niech mi zapomną umarli, że ledwie tlą się w pamięci.
Przepraszam czas za mnogość przeoczonego świata na sekundę.
Przepraszam dawną miłość, że nową uważam za pierwszą.
Wybaczcie mi, dalekie wojny, że noszę kwiaty do domu.
Wybaczcie, otwarte rany, że kłuję się w palec.
Przepraszam wołających z otchłani za płytę z menuetem.
Przepraszam ludzi na dworcach za sen o piątej rano.
Daruj, szczuta nadziejo, że śmieję się czasem.
Darujcie mi, pustynie, że z łyżką wody nie biegnę.
I ty, jastrzębiu, od lat ten sam, w tej samej klatce,
zapatrzony bez ruchu zawsze w ten sam punkt,
odpuść mi, nawet gdybyś był ptakiem wypchanym.
Przepraszam ścięte drzewo za cztery nogi stołowe.
Przepraszam wielkie pytania za małe odpowiedzi.
Prawdo, nie zwracaj na mnie zbyt bacznej uwagi.
Powago, okaż mi wspaniałomyślność.
Ścierp, tajemnico bytu, że wyskubuję nitki z twego trenu.
Nie oskarżaj mnie, duszo, że rzadko cię miewam.
Przepraszam wszystko, że nie mogę być wszędzie.
Przepraszam wszystkich, że nie umiem być każdym i każdą.
Wiem, że póki żyję, nic mnie nie usprawiedliwia,
ponieważ sama sobie stoję na przeszkodzie.
Nie miej mi za złe, mowo, że pożyczam patetycznych słów,
a potem trudu dokładam, żeby wydały się lekkie.

Under a Certain Little Star

I apologize to coincidence for calling it necessity.
I apologize to necessity just in case I'm mistaken.
Let happiness be not angry that I take it as my own.
Let the dead not remember they scarcely smoulder in my
  memory.
I apologize to time for the muchness of the world overlooked per
  second.
I apologize to old love for regarding the new as the first.
Forgive me, far-off wars, for bringing flowers home.
Forgive me, open wounds, for pricking my finger.
I apologize to those who cry out of the depths for the minuet-
  record.
I apologize to people at railway stations for sleeping at five in
  the morning.
Pardon me, hounded hope, for laughing now and again.
Pardon me, deserts, for not rushing up with a spoonful of water.
And you, O falcon, the same these many years, in that same
  cage,
forever staring motionless at that self-same spot,
absolve me, even though you are but a stuffed bird.
I apologize to the cut-down tree for the table's four legs.
I apologize to big questions for small answers.
O Truth, do not pay me too much heed.
O Solemnity, be magnanimous unto me.
Endure, mystery of existence, that I pluck out the threads of
  your train.
Accuse me not, O soul, of possessing you but seldom.
I apologize to everything that I cannot be everywhere.
I apologize to everyone that I cannot be every man and woman.
I know that as long as I live nothing can justify me,
because I myself am an obstacle to myself.
Take it not amiss, O speech, that I borrow weighty words,
and later try hard to make them seem light.

FROM

A Great Number (Wielka liczba)

1976

Wielka liczba

Cztery miliardy ludzi na tej ziemi,
a moja wyobraźnia jest, jak była.
Źle sobie radzi z wielkimi liczbami.
Ciągle ją jeszcze wzrusza poszczególność.
Fruwa w ciemnościach jak światło latarki,
wyjawia tylko pierwsze z brzegu twarze,
tymczasem reszta w prześlepienie idzie,
w niepomyślenie, w nieodżałowanie.
Ale tego sam Dante nie zatrzymałby.
A cóż dopiero, kiedy nie jest się.
I choćby nawet wszystkie muzy do mnie.

Non omnis moriar—przedwczesne strapienie.
Czy jednak cała żyję i czy to wystarcza.
Nie wystarczało nigdy, a tym bardziej teraz.
Wybieram odrzucając, bo nie ma innego sposobu,
ale to, co odrzucam, liczebniejsze jest,
gęstsze jest, natarczywsze jest niż kiedykolwiek.
Kosztem nieopisanych strat—wierszyk, westchnienie.
Na gromkie powołanie odzywam się szeptem.
Ile przemilczam, tego nie wypowiem.
Mysz u podnóża macierzystej góry.
Życie trwa kilka znaków pazurkiem na piasku.

Sny moje—nawet one nie są, jak należałoby, ludne.
Więcej w nich samotności niż tłumów i wrzawy.
Wpadnie czasem na chwilę ktoś dawno umarły.
Klamką porusza pojedyncza ręka.
Obrasta pusty dom przybudówkami echa.
Zbiegam z progu w dolinę
cichą, jakby niczyją, już anachroniczną.

Skąd się jeszcze ta przestrzeń bierze we mnie—
nie wiem.

A Great Number

Four billion people on this earth of ours,
but my imagination is unchanged.
It does not do well with great numbers.
It is still moved by what is individual.
Flitting through darkness like a flashlight beam,
it picks out only the faces that are nearest,
meanwhile the rest are lost to blind oversight,
non-thought and non-regret.
Dante himself could not have prevented that.
And what if one is not?
Even with all the muses at my beck.

Non omnis moriar—a worriment that's premature.
Yet am I fully alive, and is that enough?
It was never enough, now more than ever.
Choosing I reject, there is no other way,
yet that which I reject is more numerous,
more dense, more clamorous than ever before.
At the cost of losses indescribable—a little poem, a sigh.
To this thunderous Calling I reply in a whisper.
How much I pass over in silence, I will not say.
A mouse at the foot of the maternal mountain.
Life lasts but a few scratches of the claw in the sand.

My dreams—even they are not, as is proper, inhabited.
There's more in them of solitude than crowds and tumult.
Someone long dead may drop by for a moment.
The handle is moved by a lone hand.
The empty house is crowded round with annexes of echoes.
I run from the doorstep down into the tranquil
valley that seems to be no one's, already anachronistic.

Where this space within me comes from still—
that I do not know.

Podziękowanie

Wiele zawdzięczam
tym, których nie kocham.

Ulgę, z jaką się godzę,
że bliżsi są komu innemu.

Radość, że nie ja jestem
wilkiem ich owieczek.

Pokój mi z nimi
i wolność mi z nimi,
a tego miłość ani dać nie może,
ani brać nie potrafi.

Nie czekam na nich
od okna do drzwi.
Cierpliwa
prawie jak słoneczny zegar,
rozumiem
czego miłość nie rozumie,
wybaczam,
czego miłość nie wybaczyłaby nigdy.

Od spotkania do listu
nie wieczność upływa,
ale po prostu kilka dni albo tygodni.

Podróże z nimi zawsze są udane,
koncerty wysłuchane,
katedry zwiedzone,
krajobrazy wyraźne.

A kiedy nas rozdziela
siedem gór i rzek,
są to góry i rzeki
dobrze znane z mapy.

Gratitude

I owe a great deal
to those I do not love.

The relief with which I accept
they are dearer to someone else.

The joy that it is not I
who am wolf to their sheep.

Peace unto me with them,
and freedom with them unto me,
and that is something that love cannot give
or contrive to take away.

I do not wait for them
from window to door.
Patient
almost like a sundial,
I understand
what love does not understand,
I forgive
what love would never forgive.

From meeting to letter
passes not an eternity
but merely a few days or weeks.

Travels with them are always a success,
concerts heard,
cathedrals visited,
landscapes in sharp focus.

And when we are separated
by seven mountains and rivers,
they are mountains and rivers
well known from the map.

Ich jest zasługą,
jeżeli żyję w trzech wymiarach,
w przestrzeni nielirycznej i nieretorycznej,
z prawdziwym, bo ruchomym horyzontem.

Sami nie wiedzą,
ile niosą w rękach pustych.

„Nic im nie jestem winna"—
powiedziałaby miłość
na ten otwarty temat.

It is thanks to them
that I live in three dimensions,
in a space non-lyrical and non-rhetorical,
with a horizon real because movable.

They themselves do not know
how much they bring in empty hands.

"I owe them nothing,"
love would say
on this open question.

Psalm

O, jakże są nieszczelne granice ludzkich państw!
Ile to chmur nad nimi bezkarnie przepływa,
ile piasków pustynnych przesypuje się z kraju do kraju,
ile górskich kamyków stacza się w cudze włości
w wyzywających podskokach!

Czy muszę tu wymieniać ptaka za ptakiem jak leci
albo jak właśnie przysiada na opuszczonym szlabanie?
Niechby to nawet był wróbel—a już ma ogon ościenny,
choć dzióbek jeszcze tutejszy. W dodatku—aleź się wierci!

Z nieprzeliczonych owadów poprzestanę na mrówce,
która pomiędzy lewym a prawym butem strażnika
na pytanie: skąd dokąd—nie poczuwa się do odpowiedzi.

Och, zobaczyć dokładnie cały ten nieład naraz,
na wszystkich kontynentach!
Bo czy to nie liguster z przeciwnego brzegu
przemyca poprzez rzekę stutysięczny listek?
Bo kto, jeśli nie mątwa zuchwale długoramienna,
narusza świętą strefę wód terytorialnych?

Czy można w ogóle mówić o jakim takim porządku,
jeżeli nawet gwiazd nie da się porozsuwać,
żeby było wiadomo, która komu świeci?

I jeszcze to naganne rozpościeranie się mgły!
I pylenie się stepu na całej przestrzeni,
jak gdyby nie był wcale wpółprzecięty!
I rozleganie się głosów na usłużnych falach powietrza:
przywoływawczych pisków i znaczących bulgotów!

Tylko co ludzkie potrafi być prawdziwie obce.
Reszta to lasy mieszane, krecia robota i wiatr.

Psalm

Oh, how porous are the boundaries of man-made states!
How numerous the clouds that float unpunished over them,
how numerous the desert sands that shift from land to land,
how numerous the mountain pebbles that go rolling into alien
   domains
provocatively hopping!

Must I here enumerate how bird flies after bird,
or how it just now lights upon the lowered barrier?
Be it but a sparrow—its tail is now abroad,
though its beak is still at home. Moreover—what a fidget!

From insects numberless I'll mention just the ant,
which between the left and right boot of the borderguard
to the question: from where to where?—disclaims all response.

Oh, to see all this chaos all at once in detail,
on every continent!
For is it not the privet on the opposite bank
that smuggles its umpteenth leaf across the river?
For who, if not the cuttlefish, brazenly long-armed,
violates the sacred sphere of territorial waters?

In general can one talk of any kind of order
if even the stars cannot be so arranged
for each to know which shines for whom?

And add to this, the reprehensible spread of the fog!
And the billowing of the dust over all the steppe's expanse,
as if it were not cut in half at all!
And the echoing of voices along the obliging waves of air,
of summoning squealings and suggestive gurgles!

Only that which is human can be truly alien.
The rest is all mixed forests, the burrowing of moles, and wind.

Żona Lota

Obejrzałam się podobno z ciekawości.
Ale prócz ciekawości mogłam mieć inne powody.
Obejrzałam się z żalu za miską ze srebra.
Przez nieuwagę—wiążąc rzemyk u sandała.
Aby nie patrzeć dłużej w sprawiedliwy kark
męża mojego, Lota.
Z nagłej pewności, że gdybym umarła,
nawet by nie przystanął.
Z nieposłuszeństwa pokornych.
W nasłuchiwaniu pogoni.
Tknięta ciszą, w nadziei, że Bóg się rozmyślił.
Dwie nasze córki znikały już za szczytem wzgórza.
Poczułam w sobie starość. Oddalenie.
Czczość wędrowania. Senność.
Obejrzałam się kładąc na ziemi tobołek.
Obejrzałam się z trwogi, gdzie uczynić krok.
Na mojej ścieżce zjawiły się węże,
pająki, myszy polne i pisklęta sępów.
Już ani dobre, ani złe—po prostu wszystko, co żyło,
pełzało i skakało w gromadnym popłochu.
Obejrzałam się z osamotnienia.
Ze wstydu, że uciekam chyłkiem.
Z chęci krzyku, powrotu.
Albo wtedy dopiero, gdy zerwał się wiatr,
rozwiązał włosy moje i suknię zadarł do góry.
Miałam wrażenie, że widzą to z murów Sodomy
i wybuchają gromkim śmiechem, raz i jeszcze raz.
Obejrzałam się z gniewu.
Aby nasycić się ich wielką zgubą.
Obejrzałam się z wszystkich podanych wyżej powodów.
Obejrzałam się bez własnej woli.
To tylko głaz obrócił się, warcząc pode mną.

158

Lot's Wife

They say I looked back from curiosity.
But I could have had reasons other than curiosity.
I looked back from regret for a silver bowl.
From distraction while fastening the latchet of my sandal.
To avoid looking longer at the righteous neck
of Lot my husband.
From sudden certainty that had I died
he would not even have slowed his step.
From the disobedience of the meek.
Alert to the pursuit.
Suddenly serene, hopeful that God had changed His mind.
Our two daughters were almost over the hilltop.
I felt old age within me. Remoteness.
The futility of our wandering. Sleepiness.
I looked back while laying my bundle on the ground.
I looked back from fear of where next to set my foot.
On my path appeared serpents,
spiders, field mice, and fledgling vultures.
By now it was neither the righteous nor the wicked—simply all
    living creatures
crept and leapt in common panic.
I looked back from loneliness.
From shame that I was stealing away.
From a desire to shout, to return.
Or just when a sudden gust of wind
undid my hair and lifted up my garment.
I had the impression they watched it all from the walls of Sodom
and burst out in loud laughter time and time again.
I looked back from anger.
To relish their great ruin.
I looked back for all the reasons I have mentioned.
I looked back despite myself.
It was only a rock that turned back, growling under foot.

To szczelina raptownie odcięła mi drogę.
Na brzegu dreptał chomik wspięty na dwóch łapkach.
I wówczas to oboje spojrzeliśmy wstecz.
Nie, nie. Ja biegłam dalej,
czołgałam się i wzlatywałam,
dopóki ciemność nie runęła z nieba,
a z nią gorący żwir i martwe ptaki.
Z braku tchu wielokrotnie okręcałam się.
Kto mógłby to zobaczyć, myślałby, że tańczę.
Nie wykluczone, że oczy miałam otwarte.
Możliwe, że upadłam twarzą zwróconą ku miastu.

A sudden crevice that cut my path.
On the edge a hamster scampered, up on his two hind feet.
It was then that we both glanced back.
No, no. I ran on,
I crept and clambered up,
until the darkness crashed down from heaven,
and with it, burning gravel and dead birds.
For lack of breath I spun about repeatedly.
If anyone had seen me, he might have thought me dancing.
It is not ruled out that my eyes were open.
It could be that I fell, my face turned toward the city.

Widziane z góry

Na polnej drodze leży martwy żuk.
Trzy pary nóżek złożył na brzuchu starannie.
Zamiast bezładu śmierci—schludność i porządek.
Groza tego widoku jest umiarkowana,
zakres ściśle lokalny od perzu do mięty.
Smutek się nie udziela.
Niebo jest błękitne.

Dla naszego spokoju, śmiercią jakby płytszą
nie umierają, ale zdychają zwierzęta
tracąc—chcemy w to wierzyć—mniej czucia i świata,
schodząc—jak nam się zdaje—z mniej tragicznej sceny.
Ich potulne duszyczki nie straszą nas nocą,
szanują dystans,
wiedzą, co to mores.

I oto ten na drodze martwy żuk
w nieopłakanym stanie ku słonku polśniewa.
Wystarczy o nim tyle pomyśleć, co spojrzeć:
wygląda, że nie stało mu się nic ważnego.
Ważne związane jest podobno z nami.
Na życie tylko nasze, naszą tylko śmierć,
śmierć, która wymuszonym cieszy się pierwszeństwem.

Seen from Above

On a dirt road lies a dead beetle.
Three little pairs of legs carefully folded on his belly.
Instead of death's chaos—neatness and order.
The horror of this sight is mitigated,
the range strictly local, from witchgrass to spearmint.
Sadness is not contagious.
The sky is blue.

For our peace of mind, their death seemingly shallower,
animals do not pass away, but simply die,
losing—we wish to believe—less of awareness and the world,
leaving—it seems to us—a stage less tragic.
Their humble little souls do not haunt our dreams,
they keep their distance,
know their place.

So here lies the dead beetle on the road,
glistens unlamented when the sun hits.
A glance at him is as good as a thought:
he looks as though nothing important had befallen him.
What's important is valid supposedly for us.
For just our life, for just our death,
a death that enjoys an extorted primacy.

Eksperyment

Jako dodatek przed właściwym filmem,
w którym aktorzy robili, co mogli,
żeby mnie wzruszyć, a nawet rozśmieszyć,
wyświetlano ciekawy eksperyment
z głową.

Głowa
przed chwilą jeszcze należała do—
teraz była odcięta,
każdy mógł widzieć, że nie ma tułowia.
Z karku zwisały rurki aparatu,
dzięki któremu krew krążyła nadal.
Głowa
dobrze się miała.

Bez oznak bólu czy choćby zdziwienia
wodziła wzrokiem za ruchem latarki.
Strzygła uszami, kiedy rozlegał się dzwonek.
Wilgotnym nosem umiała rozróżnić
zapach słoniny od bezwonnego niebytu
i oblizując się z wyraźnym smakiem
toczyła ślinę na cześć fizjologii.

Wierna psia głowa,
poczciwa psia głowa,
gdy ją głaskano, przymrużała ślepia
z wiarą, że nadal jest częścią całości,
która ugina pod pieszczotą grzbiet
i wymachuje ogonem.

Pomyślałem o szczęściu i poczułem strach.
Bo gdyby tylko o to w życiu szło,
głowa
była szczęśliwa.

Experiment

As a short before the main feature,
where the actors did all they could
to move me and even make me laugh,
an interesting experiment was shown
involving the head.

The head
a moment before had still belonged to—
now it was cut off,
everyone could see it had no body.
Protruding from the neck were glass tubes
that enabled the blood to keep circulating.
The head
was doing well.

With no sign of pain or even surprise
its eyes followed the movement of a flashlight.
It pricked up its ears at the sound of a bell.
Its wet nose could tell
the smell of fatback from odorless nonexistence,
and licking its chops with obvious relish,
it salivated to the greater glory of physiology.

A dog's faithful head,
a dog's worthy head,
when stroked it half shut its eyes,
firmly convinced it still was part of a whole
that arched its back when patted
and wagged its tail.

I thought of happiness and suddenly was afraid.
For if that's all life is about,
the head
was happy.

Terorysta, on patrzy

Bomba wybuchnie w barze trzynasta dwadzieścia.
Teraz mamy dopiero trzynastą szesnaście.
Niektórzy zdążą jeszcze wejść,
Niektórzy wyjść.

Terorysta już przeszedł na drugą stronę ulicy.
Ta odległość go chroni od wszelkiego złego
no i widok jak w kinie:

Kobieta w żółtej kurtce, ona wchodzi.
Mężczyzna w ciemnych okularach, on wychodzi.
Chłopaki w dżinsach, oni rozmawiają.
Trzynasta siedemnaście i cztery sekundy.
Ten niższy to ma szczęście i wsiada na skuter,
a ten wyższy to wchodzi.

Trzynasta siedemnaście i czterdzieści sekund.
Dziewczyna, ona idzie z zieloną wstążką we włosach.
Tylko że ten autobus nagle ją zasłania.
Trzynasta osiemnaście.
Już nie ma dziewczyny.
Czy była taka głupia i weszła, czy nie,
to się zobaczy, jak będą wynosić.

Trzynasta dziewiętnaście.
Nikt jakoś nie wchodzi.
Za to jeszcze wychodzi jeden gruby łysy.
Ale tak, jakby szukał czegoś po kieszeniach i
o trzynastej dwadzieścia bez dziesięciu sekund
on wraca po te swoje marne rękawiczki.

Jest trzynasta dwadzieścia.
Czas, jak on się wlecze.
Już chyba teraz.
Jeszcze nie teraz.
Tak, teraz.
Bomba, ona wybucha.

The Terrorist, He Watches

The bomb will go off in the bar at one twenty p.m.
Now it's only one sixteen p.m.
Some will still have time to get in,
some to get out.

The terrorist has already crossed to the other side of the street.
The distance protects him from any danger,
and what a sight for sore eyes:

A woman in a yellow jacket, she goes in.
A man in dark glasses, he comes out.
Guys in jeans, they are talking.
One seventeen and four seconds.
That shorter guy's really got it made, and gets on a scooter,
and that taller one, he goes in.

One seventeen and forty seconds.
That girl there, she's got a green ribbon in her hair.
Too bad that bus just cut her off.
One eighteen p.m.
The girl's not there any more.
Was she dumb enough to go in, or wasn't she?
That we'll see when they carry them out.

One nineteen p.m.
No one seems to be going in.
Instead a fat baldy's coming out.
Like he's looking for something in his pockets and
at one nineteen and fifty seconds
he goes back for those lousy gloves of his.

It's one twenty p.m.
The time, how it drags.
Should be any moment now.
Not yet.
Yes, this is it.
The bomb, it goes off.

Miniatura średniowieczna

Po najzieleńszym wzgórzu,
najkonniejszym orszakiem,
w płaszczach najjedwabniejszych.

Do zamku o siedmiu wieżach,
z których każda najwyższa.

Na przedzie xiążę
najpochlebniej niebrzuchaty,
przy xiążęciu xiężna pani
cudnie młoda, młodziusieńka.

Za nimi kilka dworek
jak malowanie zaiste
i paź najpacholętszy,
a na ramieniu pazia
coś nad wyraz małpiego
z przenajśmieszniejszym pyszczkiem
i ogonkiem.

Zaraz potem trzej rycerze,
a każdy się dwoi, troi,
i jak który z miną gęstą
prędko inny z miną tęgą,
a jak pod kim rumak gniady
to najgniadszy moiściewy,
a wszystkie kopytkami jakoby muskając
stokrotki najprzydrożniejsze.

Kto zasię smutny, strudzony,
z dziurą na łokciu i z zezem,
tego najwyraźniej brak.

Najżadniejszej też kwestii
mieszczańskiej czy kmiecej
pod najlazurowszym niebem.

A Medieval Illumination

O'er the greenest of hills,
in the steediest of retinues,
in the silkiest of mantles.

Toward a castle of seven towers,
each one of which is the highest.

At the forefront a duke
most flatteringly flat-bellied,
by him his lady the duchesse,
wondrously young, in truth young.

Following, several court-ladies,
pretty as pictures, forsooth,
and the laddiest of page-boys,
and on the page-boy's shoulder
something ineffably monkeyish
with the funniest of faces
and the tiniest of tails.

Thereafter, stalwart knyghtes three,
each prancing and dancing for three,
and if one wears a jaunty mien,
another promptly puts on a dashing mien.
And if someone rides a bay steed,
then, milords, it is sure to be the bayest,
all those tiny hooves seeming to graze
the roadsidiest of daisies.

He who, contrarily, is downcast and fatigued,
a hole in his elbow, a squint in his eye,
he is most clearly missing.

Not the leastest of problems,
either burgherish or villeinish,
under the azurest of skies.

Szubieniczki nawet tyciej
dla najsokolszego oka
i nic nie rzuca cienia wątpliwości.

Tak sobie przemile jadą
w tym realizmie najfeudalniejszym.

Onże wszelako dbał o równowagę:
piekło dla nich szykował na drugim obrazku.
Och, to się rozumiało
arcysamo przez się.

170

Not even the tiniest of gallows
for the hawkiest of eyes,
nothing to cast a shadow of a doubt.

Thus they ride most charmingly
in this feudalest of realisms.

He however took care to strike a balance:
the hell he prepared for them in the next picture.
Oh, that goes without saying,
of itself, self-evidentliest.

Pochwała siostry

Moja siostra nie pisze wierszy
i chyba już nie zacznie nagle pisać wierszy.
Ma to po matce, która nie pisała wierszy,
oraz po ojcu, który też nie pisał wierszy.
Pod dachem mojej siostry czuję się bezpieczna:
mąż siostry za nic w świecie nie pisałby wierszy.
I choć to brzmi jak utwór Adama Macedońskiego,
nikt z krewnych nie zajmuje się pisaniem wierszy.

W szufladach mojej siostry nie ma dawnych wierszy
ani w torebce napisanych świeżo.
A kiedy siostra zaprasza na obiad,
to wiem, że nie w zamiarze czytania mi wierszy.
Jej zupy są wyborne bez premedytacji,
a kawa nie rozlewa się na rękopisy.

W wielu rodzinach nikt nie pisze wierszy,
ale jak już—to rzadko jedna tylko osoba.
Czasem poezja spływa kaskadami pokoleń,
co stwarza groźne wiry w uczuciach wzajemnych.

Moja siostra uprawia niezłą prozę mówioną,
a całe jej pisarstwo to widokówki z urlopu,
z tekstem obiecującym to samo, każdego roku:
że jak wróci,
to wszystko
wszystko
wszystko opowie.

In Praise of My Sister

My sister does not write poems
and it's unlikely she'll suddenly start writing poems.
She takes after her mother, who did not write poems,
and after her father, who also did not write poems.
Under my sister's roof I feel safe:
nothing would move my sister's husband to write poems.
And though it sounds like a poem by Adam Macedoński,
none of my relatives is engaged in the writing of poems.

In my sister's desk there are no old poems
nor any new ones in her handbag.
And when my sister invites me to dinner,
I know she has no intention of reading me poems.
She makes superb soups without half trying,
and her coffee does not spill on manuscripts.

In many families no one writes poems,
but when they do, it's seldom just one person.
Sometimes poetry flows in cascades of generations,
which sets up fearsome eddies in family relations.

My sister cultivates a decent spoken prose,
her entire literary output is on vacation postcards
that promise the same thing every year:
that when she returns,
she'll tell us, everything,
everything,
everything.

Pustelnia

Myślałaś, że pustelnik mieszka na pustyni,
a on w domku z ogródkiem
w wesołym lasku brzozowym,
10 minut od szosy,
ścieżką oznakowaną.

Nie musisz go podglądać z dala przez lornetkę,
możesz go widzieć, słyszeć całkiem z bliska,
jak cierpliwie wyjaśnia wycieczce z Wieliczki,
dlaczego wybrał surową samotność.

Ma bury habit,
długą siwą brodę,
rumiane liczko
i oczy niebieskie.
Chętnie zastyga na tle krzaka róż
do kolorowej fotografii.

Robi ją właśnie Stanley Kowalik z Chicago.
Po wywołaniu obiecuje przysłać.

Tymczasem małomówna staruszka z Bydgoszczy,
której nikt nie odwiedza oprócz inkasentów,
wpisuje się do księgi pamiątkowej:
Bogu niech będą dzięki,
że pozwolił mi
zobaczyć w życiu prawdziwego pustelnika.

Młodzież wpisuje się nożem na drzewach:
Spiritualsi 75 Zbiórka na dole.

Tylko co z Barim, gdzie się podział Bari.
Bari leży pod ławką i udaje wilka.

Hermitage

You thought a hermit lived hermetically,
but he's in a hut with a garden
in a pretty little birch wood,
10 minutes from the highway,
along a well-marked path.

You needn't use binoculars from a distance,
you can see him, hear him quite close by,
explaining patiently to a tour-group from Wieliczka,
why he chose a harsh and lonely life.

He has a dun-brown habit,
long gray beard,
rosy cheeks,
and eyes of blue.
He gladly poses in front of a rosebush
for a color picture.

It's now being taken by Stanley Kowalik from Chicago.
He promises to send it when it's developed.

Meanwhile a silent old woman from Bydgoszcz,
whom nobody visits but bill-collectors,
writes in the guest book:
May God be praised
for letting me
see a real hermit once in my life.

Some young folks carve on the trees with a knife:
Spirituals 75 Meeting Down Below.

But what's happened to old Fido, where's old Fido gone?
Fido is lying under a bench pretending he's a wolf.

Portret kobiecy

Musi być do wyboru.
Zmieniać się, żeby tylko nic się nie zmieniło.
To łatwe, niemożliwe, trudne, warte próby.
Oczy ma, jeśli trzeba, raz modre, raz szare,
czarne, wesołe, bez powodu pełne łez.
Śpi z nim jak pierwsza z brzegu, jedyna na świecie.
Urodzi mu czworo dzieci, żadnych dzieci, jedno.
Naiwna, ale najlepiej doradzi.
Słaba, ale udźwignie.
Nie ma głowy na karku, to będzie ją miała.
Czyta Jaspersa i pisma kobiece.
Nie wie, po co ta śrubka, i zbuduje most.
Młoda, jak zwykle młoda, ciągle jeszcze młoda.
Trzyma w rękach wróbelka ze złamanym skrzydłem,
własne pieniądze na podróż daleką i długą,
tasak do mięsa, kompres i kieliszek czystej.
Dokąd tak biegnie, czy nie jest zmęczona.
Ależ nie, tylko trochę, bardzo, nic nie szkodzi.
Albo go kocha, albo się uparła.
Na dobre, na niedobre i na litość boską.

Portrait of a Woman

She must be willing to please.
To change so that nothing should change.
It's easy, impossible, hard, worth trying.
Her eyes are if need be now deep blue, now gray,
dark, playful, filled for no reason with tears.
She sleeps with him like some chance acquaintance, like his one
    and only.
She will bear him four children, no children, one.
Naive yet giving the best advice.
Weak yet lifting the weightiest burdens.
Has no head on her shoulders but will have.
Reads Jaspers and ladies' magazines.
Doesn't know what this screw is for and will build a bridge.
Young, as usual young, as always still young.
Holds in her hands a sparrow with a broken wing,
her own money for a journey long and distant,
a meat-cleaver, poultice, and a shot of vodka.
Where is she running so, isn't she tired?
Not at all, just a bit, very much, doesn't matter.
Either she loves him or has made up her mind to.
For better, for worse, and for heaven's sake.

Recenzja z nie napisanego wiersza

W pierwszych słowach utworu
autorka stwierdza, że Ziemia jest mała,
niebo natomiast duże do przesady,
a gwiazd, cytuję: „więcej w nim niż trzeba."

W opisie nieba czuć pewną bezradność,
autorka gubi się w strasznym przestworze,
uderza ją martwota wielu planet
i wkrótce w jej umyśle (dodajmy: nieścisłym)
zaczyna rodzić się pytanie,
czy aby jednak nie jesteśmy sami
pod słońcem, pod wszystkimi na świecie słońcami?

Na przekór rachunkowi prawdopodobieństwa!
I powszechnemu dzisiaj przekonaniu!
Wbrew niezbitym dowodom, które lada dzień
mogą wpaść w ludzkie ręce! Ach, poezja.

Tymczasem nasza wieszczka powraca na Ziemię,
planetę, która może „toczy się bez świadków,"
jedyną „science fiction, na jaką stać kosmos."
Rozpacz Pascala (1623—1662, przyp. nasz)
wydaje się autorce nie mieć konkurencji
na żadnej Andromedzie ani Kasjopei.
Wyłączność wyolbrzymia i zobowiązuje,
wyłania się więc problem jak żyć et caetera,
albowiem „pustka tego za nas nie rozstrzygnie."
„Mój Boże, woła człowiek do Samego Siebie,
ulituj się nade mną, oświeć mnie" . . .

Autorkę gnębi myśl o życiu trwonionym tak lekko,
jakby go było w zapasie bez dna.
O wojnach, które—jej przekornym zdaniem—
przegrywane są zawsze po obydwu stronach.
O „państwieniu się" (sic!) ludzi nad ludźmi.
Przez utwór prześwituje intencja moralna.
Pod mniej naiwnym piórem rozbłysłaby może.

Review of an Unwritten Poem

In the first words of the poem
the authoress states that Earth is small,
the sky, contrariwise, is much too big for words,
and of stars, and I quote, "there are more in it than needed."

In the description of the sky you sense a certain helplessness,
the authoress is lost in awesome infinitude,
she is struck by the deadness of many planets,
and soon in her mind (we might add: an inexact one)
a question begins to take shape,
whether in spite of everything we are not alone
under the sun, under all the suns in the universe?

Contrary to the theory of probability!
And the conviction universally held today!
In the face of irrefutable evidence, which any day now
may fall into human hands! Oh, poetry.

Meanwhile our seeress returns to Earth,
the planet which perhaps "revolves without witnesses,"
the only "science fiction the universe can afford."
The despair of Pascal (1623-1662, footnote ours)
seems to the authoress to be unrivalled
on any Andromeda or Cassiopeia.
Exclusiveness magnifies and obligates,
thus emerges the problem of how to live et cetera,
inasmuch as "the void will not solve it for us."
"O Lord," man calls to Himself,
"have mercy on me, enlighten me . . ."

The authoress is oppressed by the thought of life squandered so
    lightly,
as if there were endless reserves of it.
The thought of wars which—she begs to differ—
are always lost by both sides.
Of the "brutalitarian" (sic!) inhumanity of man to man.
Through the poem glimmers a moral intent.
Under a pen less naive it might blaze forth.

179

Niestety, cóż. Ta z gruntu ryzykowna teza
(czy aby jednak nie jesteśmy sami
pod słońcem, pod wszystkimi na świecie słońcami)
i rozwinięcie jej w niefrasobliwym stylu
(mieszanina wzniosłości z mową pospolitą)
sprawiają, że któż temu wiarę da?
Z pewnością nikt. No właśnie.

But alas and alack! This basically shaky thesis
(whether in spite of everything we are not alone
under the sun, under all the suns in the universe)
and its development in nonchalant style
(mixing the lofty with the vernacular)
leads to the conclusion but who will believe it anyhow?
Certainly no one. Didn't I tell you?

Ostrzeżenie

Nie bierzcie w kosmos kpiarzy,
dobrze radzę.

Czternaście martwych planet,
kilka komet, dwie gwiazdy,
a już w drodze na trzecią
kpiarze stracą humor.

Kosmos jest jaki jest,
to znaczy doskonały.
Kpiarze mu tego nigdy nie darują.

Nic ich nie będzie cieszyć:
czas—bo zbyt odwieczny,
piękno—bo nie ma skazy,
powaga—bo nie daje się obrócić w żart.
Wszyscy będą podziwiać,
oni ziewać.

W drodze na czwartą gwiazdę
będzie jeszcze gorzej.
Kwaśne uśmiechy,
zaburzenia snu i równowagi,
głupie rozmowy:
że kruk z serem w dziobie,
że muchy na portrecie Najjaśniejszego Pana
albo małpa w kąpieli
—no tak, to było życie.

Ograniczeni.
Wolą czwartek od nieskończoności.
Prymitywni.
Wolą fałszywą nutę od muzyki sfer.
Najlepiej czują się w szczelinach między
praktyką i teorią,
przyczyną i skutkiem,
ale tutaj nie Ziemia i wszystko przylega.

Warning

Don't take scoffers into space,
that's good advice.

Fourteen dead planets,
a few comets, two stars,
and by the time you're en route to the third
the scoffers have lost their sense of humor.

Outer space is what it is,
that is, perfect.
Scoffers will never forgive it for that.

Nothing will please them:
time—because it's too eternal,
beauty—because it's without blemish,
seriousness—because it can't be made a joke.
Everyone else will be admiring,
they will be yawning.

En route to the fourth star
things will get even worse.
Sour smiles,
disturbances of sleep and equilibrium,
stupid conversations:
about a crow with cheese in its beak,
about flies on a portrait of His Majesty
or a monkey taking a bath
—yes indeed, that was really living.

Limited.
They prefer Thursday to infinity.
Primitive.
They prefer a false note to the music of the spheres.
They feel best in the crevices dividing
practice and theory,
cause and effect,
but this isn't Earth, and everything fits snugly.

183

Na trzydziestej planecie
(pod względem pustynności bez zarzutu)
odmówią nawet wychodzenia z kabin,
a to że głowa, a to że palec ich boli.

Taki kłopot i wstyd.
Tyle pieniędzy wyrzuconych w kosmos.

On the thirtieth planet
(flawless as regards its desertitude)
they will even refuse to leave their cabins,
on the excuse that their head aches, or their finger hurts.

Such a bother, such a shame.
So much money thrown into outer space.

Pokój samobójcy

Myślicie pewnie, że pokój był pusty.
A tam trzy krzesła z mocnym oparciem.
Tam lampa dobra przeciw ciemności.
Biurko, na biurku portfel, gazety.
Budda niefrasobliwy, Jezus frasobliwy.
Siedem słoni na szczęście, a w szufladzie notes.
Myślicie, że tam naszych adresów nie było?

Brakło, myślicie, książek, obrazów i płyt?
A tam pocieszająca trąbka w czarnych rękach.
Saskia z serdecznym kwiatkiem.
Radość iskra bogów.
Odys na półce w życiodajnym śnie
po trudach pieśni piątej.
Moraliści,
nazwiska wypisane złotymi zgłoskami
na pięknie garbowanych grzbietach.
Politycy tuż obok trzymali się prosto.

I nie bez wyjścia, chociażby przez drzwi,
nie bez widoków, chociażby przez okno,
wydawał się ten pokój.
Okulary do spoglądania w dal leżały na parapecie.
Brzęczała jedna mucha, czyli żyła jeszcze.

Myślicie, że przynajmniej list wyjaśniał coś.
A jeżeli wam powiem, że listu nie było—
i tylu nas, przyjaciół, a wszyscy się pomieścili
w pustej kopercie opartej o szklankę.

The Suicide's Room

You certainly think that the room was empty.
Yet it had three chairs with sturdy backs.
And a lamp effective against the dark.
A desk, on the desk a wallet, some newspapers.
An unsorrowful Buddha, a sorrowful Jesus.
Seven good-luck elephants, and in a drawer a notebook.
You think that our addresses were not there?

You think there were no books, pictures, records?
But there was a consoling trumpet in black hands.
Saskia with a heartfelt flower of love.
Joy the fair spark of the gods.
Odysseus on the shelf in life-giving sleep
after the labors of Book Five.
Moralists,
their names imprinted in syllables of gold
on beautifully tanned spines.
Right next, statesmen standing straight.

And not without a way out, if only through the door,
not without prospects, if only through the window,
that is how the room looked.
Distance glasses lay on the windowsill.
A single fly buzzed, that is, was still alive.

You think at least the note made something clear.
Now what if I tell you that there was no note—
and so many of us, friends of his, yet all could fit
in the empty envelope propped against the glass.

Pochwała złego o sobie mniemania

Myszołów nie ma sobie nic do zarzucenia.
Skrupuły obce są czarnej panterze.
Nie wątpią o słuszności czynów swych piranie.
Grzechotnik aprobuje siebie bez zastrzeżeń.

Samokrytyczny szakal nie istnieje.
Szarańcza, aligator, trychina i giez
żyją jak żyją i rade są z tego.

Sto kilogramów waży serce orki,
ale pod innym względem lekkie jest.

Nic bardziej zwierzęcego
niż czyste sumienie
na trzeciej planecie Słońca.

In Praise of Self-Deprecation

The buzzard has nothing to fault himself with.
Scruples are alien to the black panther.
Piranhas do not doubt the rightness of their actions.
The rattlesnake approves of himself without reservations.

The self-critical jackal does not exist.
The locust, alligator, trichina, horsefly
live as they live and are glad of it.

The killer-whale's heart weighs one hundred kilos
but in other respects it is light.

There is nothing more animal-like
than a clear conscience
on the third planet of the Sun.

Życie na poczekaniu

Życie na poczekaniu.
Przedstawienie bez próby.
Ciało bez przymiarki.
Głowa bez namysłu.

Nie znam roli, którą gram.
Wiem tylko, że jest moja, niewymienna.

O czym jest sztuka,
zgadywać muszę wprost na scenie.

Kiepsko przygotowana do zaszczytu życia,
narzucone mi tempo akcji znoszę z trudem.
Improwizuję, choć brzydzę się improwizacją.
Potykam się co krok o nieznajomość rzeczy.
Mój sposób bycia zatrąca zaściankiem.
Moje instynkty to amatorszczyzna.
Trema, tłumacząc mnie, tym bardziej upokarza.
Okoliczności łagodzące odczuwam jako okrutne.

Nie do cofnięcia słowa i odruchy,
nie doliczone gwiazdy,
charakter jak płaszcz w biegu dopinany—
oto żałosne skutki tej nagłości.

Gdyby choć jedną środę przećwiczyć zawczasu
albo choć jeden czwartek raz jeszcze powtórzyć!
A tu już piątek nadchodzi z nie znanym mi scenariuszem.
Czy to w porządku—pytam
(z chrypką w głosie,
bo nawet mi nie dano odchrząknąć za kulisami).

Life While You Wait

Life while you wait.
Performance without rehearsal.
Body without fitting.
Head without reflection.

I don't know the role I'm playing.
I only know it's mine, non-convertible.

What the play is about
I must guess only after it's begun.

Poorly prepared for the dignity of life,
I barely keep up with the pace of the action imposed.
I improvise, though I loathe improvisation.
At every step I stumble over my lack of expertise.
My way of life smacks of provincialism.
My instincts are those of a rank amateur.
Stage fright, although an excuse, is all the more humiliating.
Extenuating circumstances I perceive as cruel.

Not to be retracted are words and reflexes,
unfinished is the count of stars,
character buttoned up on the run like an overcoat—
these are the pitiful results of such haste.

If only one Wednesday could be practiced ahead of time,
or if only one Thursday could again be repeated!
But here it is nearly Friday, with a scenario I don't know.
Is it fair—I ask
(with hoarseness in my voice,
because I wasn't even allowed to clear my throat in the wings).

Złudna jest myśl, że to tylko pobieżny egzamin
składany w prowizorycznym pomieszczeniu. Nie.
Stoję wśród dekoracji i widzę, jak są solidne.
Uderza mnie precyzja wszelkich rekwizytów.
Aparatura obrotowa działa od długiej już chwili.
Pozapalane zostały najdalsze nawet mgławice.
Och, nie mam wątpliwości, że to premiera.
I cokolwiek uczynię,
zamieni się na zawsze w to, co uczyniłam.

Illusory is the thought that this is just a pop quiz
taken on temporary premises. No.
I stand amid the scenery and see how solid it is.
I am struck by the accuracy of all the props.
The revolving stage has long been in operation.
Even the most distant nebulae have been switched on.
Ah, I have no doubt that this is opening night.
And whatever I may do
will be forever changed into that which I have done.

Utopia

Wyspa, na której wszystko się wyjaśnia.

Tu można stanąć na gruncie dowodów.

Nie ma dróg innych oprócz drogi dojścia.

Krzaki aż uginają się od odpowiedzi.

Rośnie tu drzewo Słusznego Domysłu
o rozwikłanych odwiecznie gałęziach.

Olśniewająco proste drzewo Zrozumienia
przy źródle, co się zwie Ach Więc To Tak.

Im dalej w las, tym szerzej się otwiera
Dolina Oczywistości.

Jeśli jakieś zwątpienie, to wiatr je rozwiewa.

Echo bez wywołania głos zabiera
i wyjaśnia ochoczo tajemnice światów.

W prawo jaskinia, w której leży sens.

W lewo jezioro Głębokiego Przekonania.
Z dna odrywa się prawda i lekko na wierzch wypływa.

Góruje nad doliną Pewność Niewzruszona.
Ze szczytu jej roztacza się istota rzeczy.

Mimo powabów wyspa jest bezludna,
a widoczne po brzegach drobne ślady stóp
bez wyjątku zwrócone są w kierunku morza.

Jak gdyby tylko odchodzono stąd
i bezpowrotnie zanurzano się w topieli.

W życiu nie do pojęcia.

Utopia

An island on which all becomes clear.

Here you can stand on the solid ground of proof.

Here are no points of interest except the point of arrival.

The bushes fairly groan under the weight of answers.

Here grows the tree of Right Conjecture
with branches disentangled since all time past.

The dazzlingly simple tree of Comprehension
hard by the spring that's named It's Just That Easy.

The deeper into the woods, the wider opens out
the Valley of the Obvious.

If doubt exists, it is dispelled by the wind.

Echo unevoked clamors to be heard
and eagerly explains the secrets of the worlds.

Off to the right a cave wherein lies Reason.

Off to the left the lake of Deep Conviction.
Truth breaks off from the bottom and lightly floats to the
   surface.

Towering over the valley stands Unshakable Certainty.
From its peak emerges the Crux of the Matter.

For all its charm, the island is uninhabited,
and the faint footprints seen along the shore
point without exception in the direction of the sea.

As if this were a place just for the leaving
and for immersion in a depth with no return.

In a life that's not for comprehending.

FROM
Literary Life (Życie literackie)
1979

Trema

Poeci i pisarze, tak się przecież mówi,
czyli poeci nie pisarze, tylko kto—

Poeci to poezja,
pisarze to proza—

W prozie może być wszystko, również i poezja,
ale w poezji musi być tylko poezja—

Zgodnie z afiszem, który ją ogłasza
przez duże z secesyjnym zawijasem P,
wpisane w struny uskrzydlonej liry,
powinnam chyba raczej wefrunąć niż wejść—

I czy nie lepiej boso, niż w tych butach z Chełmka
tupiąc, skrzypiąc
w niezdarnym zastępstwie anioła—

Gdyby chociaż ta suknia powłóczystsza, dłuższa

A wiersze nie z torebki, ale wprost z rękawa,
od święta, od parady, od wielkiego dzwonu,
od bim do bum,
ab ab ba—

A tam na podium czyha już stoliczek
spirytystyczny jakiś, na złoconych nóżkach,
a na stoliczku kopci się lichtarzyk—

Z czego wniosek, że będę musiała przy świecach
czytać to, co spisałam przy zwykłej żarówce
stuk stuk stuk na maszynie—

Nie martwiąc się zawczasu
czy to jest poezja i jaka to poezja—

Czy taka, w której proza widziana jest źle—

Czy taka, która dobrze widziana jest w prozie—

Stage Fright

Poets and writers, as the saying goes,
or, if poets aren't writers, what then—

Poets are poetry,
writers are prose—

Prose may have everything, poetry included,
but poetry must have nothing but poetry—

To comply with the poster announcing it
with a capital P in an art-nouveau flourish
worked into the strings of a wingèd lyre,
I should have floated in, not walked—

And perhaps better barefoot than in shoes from Chełmek
clumping, squeaking,
an awkward substitute for an angel—

Would that this gown were longer, more trailing

And the poems not out of the purse but straight from the sleeve,
for a red-letter, festive, bell-ringing day,
bim, bom,
ab ab ba—

And there on the rostrum lurks a small table
just right for a seance, on delicate gilded legs,
and on the table smokes a candlestick—

From which I conclude that I must by candle light
read what I've tossed together by common bulb light
tap tap tapping on the typewriter—

Not worrying ahead of time
whether it's poetry and of what kind—

The kind where prose is unacceptable—

Or the kind that is acceptable in prose—

I cóż to za różnica
wyraźna już tylko w półmroku
na tle kotary bordo
z fioletowymi frędzlami—

And what after all is a difference
that is visible just in half-darkness
against a crimson curtain
with purple fringes—

Comments

Two Monkeys by Brueghel

The poem refers to the painting "Two Monkeys" (1562), by Pieter Brueghel the Elder. Szymborska often uses the monkey and related animals such as the tarsier (see the poem "Tarsier") by way of commenting on man's cruelty, destructiveness, and selfishness. But this poem is more specifically relevant to Poland: written in 1957, it was widely interpreted as a condemnation of the repressive atmosphere of the recent Stalinist period. Coincidentally, many scholars throughout the ages have seen this painting as a protest against political repression (notably the Spanish occupation of the Netherlands).

The "graduation exam" (*matura*) has traditionally been a traumatic experience for students in Central and Eastern Europe. Here, however, Szymborska develops the theme not in personal but historical terms.

Still

This poem rhymes in the original, and is included here—unrhymed—because of its thematic importance. Unlike Różewicz, Szymborska wrote few poems on German atrocities during World War II. This one is notable not only for its condemnation of Nazi genocide, but also for its implication that certain segments of Polish society were indifferent to the fate of the Jews.

"A big cloud gives a small rain": renders the Polish proverb "z dużej chmury—mały deszcz," a good example, as it is developed in the next line, of Szymborska's turning folklore material to poetic effect.

From a Himalayan Expedition Not Made

"roses are red . . .": the Polish original—a line from a folk song—translates literally as follows: "a little red apple/cut four ways." In a conversation with the translators, Szymborska said that she

202

wished to suggest something charming, pure, good, and indicative of innocent sharing. "Roses are red" seems an approximate stylistic equivalent.

"O Yeti, semi-Selenite": the "Yeti Półtwardowski" of the Polish would literally be "Yeti half-Twardowski." Twardowski, a legendary character, is sometimes called the "Polish Faust." He was a sorcerer who sold his soul to the devil. Some believe he was based on a living model. In any event, there are many different stories about him. According to one, he lived on the moon and kept in touch with the latest news from Warsaw by changing a servant into a spider, who let himself down into the city and then climbed back up. (For further details, see *Słownik folkloru polskiego*, ed. Julian Krzyżanowski, Warsaw, 1965.)

"Yeti" is the name of the Abominable Snowman.

Attempt

The "song" being apostrophized is one of the most famous Polish love songs, which arose anonymously among the gentry and filtered down to the folk: "Ty pójdziesz górą, ty pójdziesz górą,/A ja doliną,/ Ty zakwitniesz różą, ty zakwitniesz różą,/A ja kaliną": "You will go o'er hill, you will go o'er hill,/And I o'er dale,/You will bloom as a rose, you will bloom as a rose,/And I as a guelder-rose." Here we have one of many examples of Szymborska's skill at using humble material as a starting point for farther-ranging poetic excursions.

A Moment in Troy

"the dismissal of the Grecian envoys": a citation of the title of a classic of Polish literature, Jan Kochanowski's tragedy *Odprawa posłów greckich* (1578).

Travel Elegy

Samokov is a town of about 10,000 people near Sofia. It figured importantly in the renaissance of Bulgarian culture in the early nineteenth century. Szymborska visited Bulgaria in 1955.

203

The Women of Rubens

Here we find an interesting but quite coincidental parallel with a somewhat later poem on Rubens by a contemporary American: cf. Marge Piercy, "Beauty I Would Suffer For," in *The Twelve-Spoked Wheel Flashing*, New York, Alfred A. Knopf, 1978. Piercy even talks about "those melon bellies."

Water

Ys: a legendary Breton town, probably best known from Edouard Lalo's opera *Le Roi d'Ys* (1888). "Mylio (. . .) is in love with Rozenn (. . .), daughter of the King of Ys (. . .), but he is also loved by Rozenn's sister, Margared (. . .). On [her sister's] wedding night, Margared is led by her jealousy to open the sea gates and flood the town of Ys (. . .). Conscience-stricken, Margared commits suicide. Corenten (. . .), the patron saint of Ys, saves the city." (David Ewen, *The New Encyclopedia of the Opera*, New York, 1953, p. 590.)

"In shrouds, in love-enshrouded kisses": an attempt to suggest the sound-play of the Polish, which would translate literally as "in kisses, shrouds."

Family Album

In the original, Szymborska uses a conventional rhyme-scheme, abba, cdcd, etc., which is well suited to the conventional ideas of the persona's ancestors. Even without the rhyme in the English, much of the parodic tone comes through.

Beheading

"In certain circumstances the owl is a baker's daughter": taken from *Hamlet*, Act IV, Scene 5, where Ophelia says: "They say the owl was a baker's daughter." A study of Shakespeare's context will help make Szymborska's meaning clearer.

Pietà

Set in Bulgaria, which Szymborska visited in 1955. The heroine is the woman known throughout the Soviet bloc in the 1950's as "Mother Vaptsarova." Her son, Nikola Vaptsarov (born in 1909), was a common laborer and a well-known poet. For his activities as an underground fighter during World War II, he was executed by the pro-Nazi Bulgarian regime (July, 1942). Vaptsarova lived in a hut in the Pirin Mountains, near the Greek border. By the 1950's, it had become *de rigueur* for political and literary celebrities to visit her during trips to Bulgaria. On returning to Poland, Szymborska was interviewed by the Poznań newspaper *Głos Wielkopolski* (No. 230, September 23, 1955). She said: "I have brought some themes for poems from Bulgaria, but again I won't say which ones, because if I do, I may very well not be able to write them." In fact, she did not publish this particular poem until 1967. Conditions being what they were in Poland in the 1950's, it would have been impossible to show Vaptsarova as a victim of the media, and to treat her with such sympathetic irony.

A Film of the Sixties

Since 1956, most of the famous European films have been shown in Poland, with a time-delay of several years. Here Szymborska catalogues moods familiar to viewers of, say, Antonioni: restlessness, alienation, absurdity, non-communication, the emptiness of life, and what has been called "the death of the human soul." In a conversation with the present translators, she remarked of such films: "I have sympathy for young people, for their growing pains, but I balk when these growing pains are pushed into the foreground, when you make these young people the only vehicles of life's wisdom." She concluded by quoting, in Polish, from Blaise Cendrars: "Let's not be sad, because that's too easy." In the original, the lines she had in mind read: "Nous ne voulons pas être tristes/C'est trop facile . . ." (from the cycle *Sud-Américaines*, VII, written in 1924).

"like an ear broken off a pitcher": alludes to the familiar proverb "tak długo dzban wodę nosi, póki się ucho nie urwie" ("the pitcher goes so often to the well that its ear finally gets broken off").

205

"sunt lacrimae rerum/et mentem mortalia tangunt": "here are the tears for things/and mortality touches the heart" (Virgil, *Aeneid*, I, 462).

Thomas Mann

"those razzle-dazzle jigsaw puzzles": renders "te składanki-ca-canki." The word "cacanka" is found only in the fixed expression "obiecanka cacanka głupiemu radość," roughly "only fools are deceived by fine promises." In replacing "obiecanka" with "składanka" ("jigsaw puzzle"), Szymborska creates a phraseological neologism.

Tarsier

A tarsier is a "small, nocturnal, forest-dwelling primate (. . .). The three species are found, respectively, in the Philippines, in Sumatra and Borneo, and in the Celebes. Tarsiers are about 6 in. (. . .) long with a 10 in. (. . .) tail, and weigh about 6 oz. (. . .). The body is covered with soft, dense, brown fur; the tail is naked. Enormous round eyes are set close together in a flat face; the small, round skull bears large, naked ears (. . .). Their habits are not well known. Tarsiers are an ancient group and are quite distinct anatomically from other primates, although superficially they resemble the lorises and lemurs." (*The New Columbia Encyclopedia*, New York and London, 1975, p. 2697.) See also the comment on the poem "Two Monkeys by Brueghel."

"What value do you give me, valuable and valueless": "bezcenny," like its English equivalent "priceless," normally means only "of great value." Obviously, however, Szymborska enriches the word here with the meaning "valueless."

The Acrobat

One of the poems by Szymborska in which theme and syntax echo each other. Particularly noteworthy are the frequent repetitions—for example, in the first six lines and the last two—where the final word of one line also begins the next, thereby suggesting the swinging movement of the acrobat.

A Million Laughs, A Bright Hope

The Polish "sto pociech" literally means "a hundred laughs." But, by itself, the word "pociecha" means "consolation, solace," and also "a child that gives joy." Clearly Szymborska has the meanings of the idiom and the individual word in mind simultaneously, and we have therefore tried to account for both in our English.

"A veritable man": the Polish "istny człowiek" suggests the more common "istna małpa," "a veritable monkey." After expressing high hopes for man, Szymborska seems, in the poem's last two words, to be restoring the balance by reminding him of his kinship with the animals.

There But for the Grace

First published in *Poezje* (1970), in the section entitled "Z nowych wierszy."

The Polish title of this poem is a shortened version of the fixed expression "na wszelki wypadek," "just in case," "in any event." By omitting the preposition, Szymborska creates a phraseological neologism which suggests that anything can happen, despite man's attempts to foresee or direct events. The poem is set in Poland under the German occupation, with all the attendant uncertainties, terrors, arrests, deportations, and executions; but of course it also expresses Szymborska's general interest in the theme of the accidental in nature and human affairs.

"Luckily a straw was floating on the surface": alludes to the proverb "tonący chwyta się brzytwy," literally: "a drowning man clutches at a razor," the nearest English equivalent to which would be "a drowning man clutches at a straw."

Voices

This poem was inspired by Szymborska's reading of Livy's *Ab urbe condita*.

The Skeleton of a Dinosaur

First published in *Poezje* (1970), in the section entitled "Z no-
wych wierszy."

"the starry heavens above the thinking reed,/the moral law
within it": a combination of famous statements by Kant (*Critique
of Pure Reason*, 1781) and Pascal (*Pensées*, 1670), which read, re-
spectively: "The starry heavens above me and the moral law within
me," and "Man is but a reed, the weakest in nature, but he is a
thinking reed."

Wonderment

This poem first appeared under the title "Zdziwienie" ("Aston-
ishment") in *Poezje*, 1970; its title—but nothing else—was changed
to "Zdumienie" for inclusion in *Wszelki wypadek*.

This is one of the three rhymed poems we include here. Our
policy, as we have explained in the Introduction, is not to attempt
equivalent rhymes. With the two lines beginning "For all times
and tides . . . ," however, we make an exception: the original
contains both end and internal rhymes, and we thought it inter-
esting to convey some idea of Szymborska's high-spirited enjoy-
ment of her own skill. Literally, the lines would read: "For all the
times and all the algae?/For all the coelentrates and firmaments?"

Autotomy

First published in *Poezje*, 1970, in the section entitled "Z nowych
wierszy."

"non omnis moriar": "I shall not wholly die." Horace, *Odes*,
Book III, Ode XXX, 6 ("Exegi monumentum aere perennius").

Halina Poświatowska: the talented author of several volumes of
poetry, who died young (1935-1967).

Certainty

The first two lines are taken from *The Winter's Tale*, Act III,
Scene 3 Szymborska read this play in J. Ulrich's Polish translation.

208

We quote the lines from the original, but substitute "certain" for "perfect"; otherwise the title and the later reference in the poem are misleading.

"A portrait almost from his lifetime": "We know that representations of Shakespeare were made shortly after his death: the bust by Gheerart Janssen in Stratford Church, and the engraving by Martin Droeshut for the Folio of 1623. Presumably, Droeshut worked from an earlier portrait of S. as a comparatively young man, and a number of paintings have been claimed as the 'Droeshut original' (. . .). In the last two hundred years many paintings have been put forward as authentic portraits of S.; some are genuine portraits of the period, but that they are of S. is another matter; others are old portraits that have been tampered with, and some are more recent forgeries." (F. E. Halliday, *A Shakespeare Companion 1564-1964*, Baltimore, Penguin Books, 1964, p. 383.)

A Classic

In a conversation with the translators, Szymborska denied that she has any particular composer in mind here. Instead, she refers to the pre-romantic period generally, when, as she sees it, an artist's work, not his personal life, was what really mattered, when "all that is not a quartet/will be rejected as a fifth," that is, when all that was not art would be completely forgotten.

Under a Certain Little Star

First published in *Poezje* (1970), in the section entitled "Z nowych wierszy."

"Star" (*gwiazda*) or "little star" (*gwiazdka*) almost always stands for the sun in Szymborska's poetry.

The last two lines of this poem are often quoted by critics as an apt characterization of Szymborska's poetic procedure.

A Great Number

"Non omnis moriar": see the comment on "Autotomy."

209

Psalm

"Moreover—what a fidget!": the abrupt transition from the formal to the colloquial is a favorite device of Szymborska's. See also the comment on "Review of an Unwritten Poem."

Seen from Above

"What's important is valid . . .": this is a good example of Szymborska's ability to get double duty out of syntax. After "z nami" in the first line of the Polish equivalent, we expect "z życiem" in the next. Instead, Szymborska writes "na życie," thereby giving "ważne" the additional meaning of "valid." Hence our decision to render "związane" as "valid."

The Terrorist, He Watches

At the PEN Club Congress in Stockholm, Per Westberg, president of the Swedish Center (the host club), paid tribute to Heinrich Böll, who had been denounced as a "disturber of the state for trying to provide an understanding of the psychology of the terrorist and the state of the rootless psyche" (PEN American Center, *Newsletter,* October, 1978). One cannot help but be struck by the very different attitudes taken by a leading West European writer and a leading Polish writer toward the same phenomenon. Szymborska has a mind of her own, but in this instance she shares the sentiments of most Polish intellectuals, who have nothing but contempt for the infatuation with violence on the part of the "new left" in the West.

In Praise of my Sister

Adam Macedoński is a Cracow poet who has gained a certain notoriety by writing long poems consisting of the repetition of a single line throughout, e.g., "A woman washes underwear," or "A man is walking." These poems are illustrated by entire sequences of cartoon-like drawings showing a woman leaning over a washboard or a man walking. The reference to Macedoński in this poem humorously calls attention to Szymborska's own deliberate repetitions, in the first stanza, of the various expressions for not writing poems.

Hermitage

Wieliczka: a small town (population 13,600 in 1970) in the Cracow area, noted for its salt mine, which has been worked continuously since the thirteenth century. For more than two hundred years, the inactive parts of the mine have been famous for their sculptures carved in salt. It also contains, deep underground, a unique museum which presents the history of the salt industry in southern Poland. Szymborska makes a neat point by having tourists travel from a genuine to a pseudo-attraction, the hermitage.

"Spirituals 75": Szymborska's invention, whereby she pokes fun at the recent mania in Poland for dubbing rock-and-roll groups, even from the most remote provincial towns, with English names. The added touch is that most Polish readers would not associate the term with Negro spirituals, but rather, with alcoholic spirits.

Review of an Unwritten Poem

"of the 'brutalitarian' (sic!) inhumanity . . .": "brutalitarian" renders "państwienie się," a jocular neologism (emphasized by Szymborska's "sic!") which combines "państwo" ("state") and "pastwić się" ("treat with cruelty").

"and its development in nonchalant style": the last four lines of the poem are a stylistic realization of the statement that the "authoress' " poem is a mixture of "the lofty with the vernacular." The stylistic shift begins in the next to last line, and is completed with the very colloquial "właśnie" ("didn't I tell you?").

The Suicide's Room

"a consoling trumpet . . .": refers to Louis Armstrong, as depicted on a record-jacket.

"Saskia with a heartfelt flower of love": refers to Saskia, the wife of Rembrandt, often the subject of his paintings. In this case, Szymborska probably has in mind a work of 1641, now in the Dresden

Gallery: "Saskia with a Flower" (Polish version: "Saskia z czer-wonym kwiatem," or "Saskia With A Red Flower"), where the woman is shown with the flower in her right hand, the left over her heart.

"Joy the fair spark of the gods": the first line of Schiller's "Ode to Joy" ("An die Freude," 1785): "Freude, schöner Götterfunken. ..." It was also of course used in the last movement of Beethoven's Ninth Symphony (1823).

Bibliographical Note

In Polish, the most comprehensive collection of Szymborska's work is *Poezje*, 2nd edition, Warsaw, PIW, 1977. In it are found all the poems from *Wołanie do Yeti* (1957), *Sól* (1962), and *Sto pociech* (1967). However, it includes only a few poems from the last two volumes, *Wszelki wypadek* (1972) and *Wielka liczba* (1976), and, with two exceptions, none at all from the first two volumes, *Dlatego żyjemy* (1952) and *Pytania zadawane sobie* (1954). Two other gatherings of her selected verse are of some importance: *Wiersze wybrane* (Warsaw, PIW, 1964) is the only place in which the reader will find five poems written between 1945 and 1948 that were slated to go into the book cancelled in 1948 (see Introduction); *Poezje wybrane* (Warsaw, LSW, 1967) is notable for a brief introduction in which the author states her views on literature.

Very little of Szymborska's work has been translated into English. Only fourteen poems by five different hands have been published, most of them scattered among various poetry journals. The quality of these translations is uneven. Special mention should be made, however, of the generally excellent work done by Jan Darowski and Celina Wieniewska. Recently a few poems have appeared in *The New Polish Poetry, A Bilingual Collection*, compiled and edited by Milne Holton and Paul Vangelisti (Pittsburgh, University of Pittsburgh Press, 1978); but these translations (as of many of the other poets) are not of good quality.

In other European languages, volumes of selected poetry by Szymborska have appeared in Czech and Slovak. Her work seems to be especially popular in Germany, where two anthologies have recently appeared, one in the West and one in the East. Responsible for the West German collection, of forty-one poems, is Karl Dedecius (*Salz. Gedichte*, Frankfurt a/M, Suhrkamp Verlag, 1973). The East German volume contains fifty-three poems, translated by Jutta Janke (*Vokabeln*, Berlin, Verlag Volk und Welt, 1979).

As of this writing, there have been no substantial or serious critical studies of Szymborska in English. In Polish, Artur Sandauer is the author of the only comprehensive (though by no means ex-

213

haustive) essay on the poet, in his *Poeci czterech pokoleń* (Cracow, Wydawnictwo Literackie, 1977). It is insightful and thought-provoking, but it goes only through 1967 (*Sto pociech*), and bears the somewhat misleading title of "Reconciled with History" ("Pogodzona z historią"). Readers especially interested in Szymborska's views on art are referred to Krystyna Nastulanka, "Powrót do źródeł," in *Sami o sobie. Rozmowy z pisarzami i uczonymi* (Warsaw, Czytelnik, 1975, pp. 298-308); this is the only instance of an extensive interview ever granted by the poet for publication. Otherwise, there are some excellent reviews of individual volumes of Szymborska's poetry by Ryszard Matuszewski and Jerzy Kwiatkowski. Matuszewski regularly addresses himself to Szymborska's work in *Rocznik literacki* (an annual publication which surveys the entire output of books in fiction, poetry, and drama for the preceding year in Poland). Kwiatkowski has written a stimulating introduction to the collected works of 1977 (*Poezje*, 2nd edition).

THE LOCKERT LIBRARY OF POETRY IN TRANSLATION

George Seferis: Collected Poems (1924–1955), translated, edited, and introduced by Edmund Keeley and Philip Sherrard

Collected Poems of Lucio Piccolo, translated and edited by Brian Swann and Ruth Feldman

C. P. Cavafy: Collected Poems, translated by Edmund Keeley and Philip Sherrard and edited by George Savidis

Benny Andersen: Selected Poems, translated by Alexander Taylor

Selected Poetry of Andrea Zanzotto, edited and translated by Ruth Feldman and Brian Swann

Poems of René Char, translated and annotated by Mary Ann Caws and Jonathan Griffin

Selected Poems of Tudor Arghezi, translated by Michael Impey and Brian Swann

"The Survivor" and Other Poems by Tadeusz Różewicz, translated and introduced by Magnus J. Krynski and Robert A. Maguire

"Harsh World" and Other Poems by Angel González, translated by Donald D. Walsh

Ritsos in Parentheses, translations and introduction by Edmund Keeley

Salamander: Selected Poems of Robert Marteau, translated by Anne Winters

Angelos Sikelianos: Selected Poems, translated and introduced by Edmund Keeley and Philip Sherrard

Dante's "Rime," translated by Patrick S. Diehl

215

Selected Later Poems of Marie Luise Kaschnitz, translated by Lisel Mueller

Osip Mandelstam's "Stone," translated and introduced by Robert Tracy

The Down Is Always New: Selected Poetry of Rocco Scotellaro, translated by Ruth Feldman and Brian Swann

Sounds, Feelings, Thoughts: Seventy Poems by Wisława Szymborska, translated and introduced by Magnus J. Krynski and Robert A. Maguire

The Man I Pretend to Be: "The Colloquies" and Selected Poems of Guido Gozzano, translated and edited by Michael Palma, with an introductory essay by Eugenio Montale

D'Après Tout: Poems by Jean Follain, translated by Heather McHugh

Songs of Something Else: Selected Poems of Gunnar Ekelöf, translated by Leonard Nathan and James Larson

The Little Treasury of One Hundred People, One Poem Each, compiled by Fujiwara No Sadaie and translated by Tom Galt

The Ellipse: Selected Poems of Leonardo Sinisgalli, translated by W. S. Di Piero

The Difficult Days by Roberto Sosa, translated by Jim Lindsey

Hymns and Fragments by Friedrich Hölderlin, translated and edited by Richard Sieburth

The Silence Afterwards: Selected Poems of Rolf Jacobsen, translated and edited by Roger Greenwald

Rilke: Between Roots, selected poems rendered from the German by Rika Lesser

216

In the Storm of the Roses: Selected Poems by Ingeborg Bachmann, translated, edited, and introduced by Mark Anderson

Birds and Other Relations: Selected Poetry of Dezsó Tandori, translated by Bruce Berlind

Brocade River Poems: Selected Works of the Tang Dynasty Courtesan Xue Tao, translated and introduced by Jeanne Larsen

The True Subject: Selected Poems of Faiz Ahmed Faiz, translated by Naomi Lazard

My Name on the Wind: Selected Poems of Diego Valeri, translated by Michael Palma

Aeschylus: The Suppliants, translated by Peter Burian

Foamy Sky: The Major Poems of Miklós Radnóti, selected and translated by Zsuzsanna Ozváth and Frederick Turner

La Fontaine's Bawdy: Of Libertines, Louts, and Lechers, translated by Norman R. Shapiro

A Child Is Not a Knife: Selected Poems of Göran Sonnevi, translated and edited by Rika Lesser

George Seferis: Collected Poems, Revised Edition, translated, edited, and introduced by Edmund Keeley and Philip Sherrard

Selected Poems of Shmuel HaNagid, translated from the Hebrew by Peter Cole

The Late Poems of Meng Chiao, translated by David Hinton